O FIM DO FIM DA HISTÓRIA

POLÍTICA NO SÉCULO XXI

ALEX HOCHULI
GEORGE HOARE
PHILIP CUNLIFFE

O FIM DO FIM DA HISTÓRIA

POLÍTICA NO SÉCULO XXI

ALTA BOOKS
GRUPO EDITORIAL
Rio de Janeiro, 2024

O Fim do Fim da História

ISBN: 978-85-508-2425-3

Alta Cult é uma Editora do Grupo Editorial Alta Books.

Translated from original The End of the End of History © 2021 by Alex Hochuli, George Hoare, Philip Cunliff. ISBN 978-1-789-04523-9. This translation is published and sold by John Hunt Publishing, the owner of all rights to publish and sell the same. PORTUGUESE language edition published by Starlin Alta Editora e Consultoria Eireli, Copyright © 2024 by STARLIN ALTA EDITORA E CONSULTORIA LTDA.

Impresso no Brasil — 1ª Edição, 2024 — Edição revisada conforme o Acordo Ortográfico da Língua Portuguesa de 2009.

Dados Internacionais de Catalogação na Publicação (CIP)
(Câmara Brasileira do Livro, SP, Brasil)

Hochuli, Alex
O fim do fim da história / Alex Hochuli, George Hoare, Philip Cunliffe ; [tradução Carol Colffield]. -- 1. ed. -- Rio de Janeiro : Alta Books, 2024.

Título original: The end of the end of history
ISBN 978-85-508-2425-3

1. Ciência política 2. Democracia 3. Ideologia 4. Neoliberalismo I. Hoare, George. II. Cunliffe, Philip. III. Título.

24-195337 CDD-320

Índices para catálogo sistemático:

1. Ciências políticas 320

Eliane de Freitas Leite - Bibliotecária - CRB 8/8415

Grupo Editorial Alta Books

Produção Editorial: Grupo Editorial Alta Books
Diretor Editorial: Anderson Vieira
Editor da Obra: José Ruggeri
Vendas Governamentais: Cristiane Mutüs
Gerência Comercial: Claudio Lima

Produtor Editorial: Thiê Alves
Tradução: Carol Colffield
Copidesque: Helena Coutinho
Revisão: Denise Himpel
Diagramação: Natalia Curupana

ALTA BOOKS
GRUPO EDITORIAL

Rua Viúva Cláudio, 291 — Bairro Industrial do Jacaré
CEP: 20.970-031 — Rio de Janeiro (RJ)
Tels.: (21) 3278-8069 / 3278-8419
www.altabooks.com.br — altabooks@altabooks.com.br
Ouvidoria: ouvidoria@altabooks.com.br

Editora **afiliada à:**

ASSOCIADO

Sumário

Agradecimentos

Assim como muitos jovens da nossa geração, tragicamente nos vimos compelidos a iniciar um podcast. Tendo amadurecido no deserto político dos anos 2000, a turbulência de meados da década de 2010 foi energizante: o retorno da política! Ao lançarmos o Aufhebunga Bunga em abril de 2017, não tínhamos uma ideia clara do que queríamos conquistar, embora compartilhássemos a ideia de que o entediante Fim da História poderia estar acabando enfim. Conforme o podcast ia se desenvolvendo, decidimos nos dedicar de forma mais explícita a explorar os contornos da era que emergia.

Devemos agradecer, em primeiro lugar, ao amigo do podcast Lee Jones por nos incentivar, em meados de 2019, a escrever este livro. O curso de graduação que Lee idealizou e leciona na Queen Mary, Universidade de Londres — *Politics at the End of the End of History* [Política no Fim do Fim da História] — foi mais um estímulo para desenvolver a estrutura que havia surgido ao produzirmos o podcast.

Agradecemos também a Catherine Liu por seu entusiasmo contínuo e por nos convidar para ir à Universidade da Califórnia, Irvine, para gravar e participar de seu seminário de pós-graduação sobre a crítica do "bem-estar". Nossa série "CaliBunga" sobre a ideologia californiana foi resultado dessa viagem e ajudou a consolidar ainda mais nossa perspectiva.

Um enorme agradecimento a todos aqueles que leram e fizeram comentários valiosos sobre as versões preliminares dos capítulos: Benjamin Bradlow, Benjamin Fogel, Paolo Gerbaudo, Abby Gilbert, Lee Jones, Euan Marshall, Andresa Medeiros, Dan Taylor, Matthew Thompson e Sally Turner.

A todos os convidados do nosso podcast ao longo dos anos: temos uma dívida de gratidão significativa pelo tempo dedicado e pela participação em trocas que continuam a se revelar extremamente enriquecedoras (para nós e, esperamos, para vocês e para os ouvintes). As conversas certamente contribuíram para ampliar e aprofundar nossa compreensão dos tempos estranhos em que nos encontramos.

Agradecemos também a Jonny Mundey (jonnymundey.com) por criar nossa música tema e a Dewi Gonzalez (ramune.io) por desenhar nosso logotipo.

E, por último, um enorme agradecimento a todos os nossos ouvintes e especialmente aos nossos assinantes/patronos.

Nem é preciso dizer que a responsabilidade por tudo o que está escrito aqui é exclusivamente nossa.

Capítulo 1

Introdução

Sopa de morcego. Insinuações xenofóbicas. Estátuas derrubadas. Trajes de proteção biológica. Eventos climáticos bizarros. Distúrbios por incêndios florestais. Estados policiais improvisados. Quarentena em massa.

O estranho fim dos tempos em que nos encontramos mais parece um apocalipse em um filme de baixa qualidade do que a sequência ordenada de "eventos" encontrada nos livros de história. Mas a bizarrice da vida contemporânea não é produto apenas da crise da covid-19. Se observarmos os memes sombrios sobre 2021, veremos que são basicamente idênticos aos de 2020, 2019, ou 2016, por exemplo. De fato, você se lembra de quando todas aquelas celebridades da geração baby boomer começaram a morrer[1] no mesmo ano do fracassado golpe de estado turco, dos aleatórios ataques terroristas jihadistas por toda a Europa, do surto de zika, da vitória de Trump e da votação do Brexit? Aqueles dias em que todo mundo desenterrou aquela citação de Lenin sobre décadas em que nada acontece e semanas em que décadas acontecem?

Era o Fim do Fim da História. Ele foi anunciado em 2016. O ano de 2020 o tornou definitivo.

Estamos em um momento crucial. Em meio ao caos, estados de emergência e respostas estatais extraordinárias, enfrentamos uma virada política histórica. Os Estados mais ricos e poderosos do Ocidente estão buscando sair do neoliberalismo. Mudanças de regime haviam sido praticamente esquecidas como uma possibilidade — a menos quando aplicadas sob a mira de uma arma em terras distantes.

Ou, pelo menos, pensávamos que, se ocorresse uma mudança de regime, seria de uma forma diferente. O surto de coronavírus coincidiu com o esfacelamento de uma onda de tentativas da esquerda de conquistar o poder estatal. A derrota do Partido Trabalhista britânico de Jeremy Corbyn e o colapso da campanha de Bernie Sanders para presidente dos Estados Unidos ocorreram em um intervalo de 4 meses, ambos nos meses que antecederam e sucederam os primeiros lockdowns. Essas tentativas, chamadas de "populismo de esquerda", visavam ir além do neoliberalismo, defender o bem-estar social e criar uma política nova, coletiva e igualitária. Pareciam promissoras; davam a impressão de que talvez a política estivesse de volta, depois de um longo período de ausência.

O fracasso do populismo de esquerda, estranhamente, aconteceu ao mesmo tempo em que os governos de direita adotavam políticas que se afastavam fortemente da ortodoxia neoliberal. Donald Trump aprovou um pacote de estímulo de US$3 trilhões, enquanto o governo de Boris Johnson anunciou £100 bilhões em gastos adicionais para pagar 80% dos salários e apoiar os autônomos. As políticas que a esquerda vinha propondo foram adotadas pela direita, e isso se deu justamente no momento da maior desmobilização popular da história: os lockdowns. Há uma profunda ironia nisso, já que um dos principais problemas do populismo de esquerda era o de ter tentado fazer socialismo sem as massas.

As sociedades vêm se afastando da política há algum tempo; ao longo das últimas décadas, sindicatos, partidos políticos e organizações cívicas se tornaram invólucros vazios.[2] A consequência inevitável foi o agravamento gradual da situação. Mas, por algum tempo, nenhuma mudança significativa parecia acontecer. A globalização significava harmonia e crescimento — pelo menos na aparência.

Então, de repente, o mundo escapou do controle. A crise estava de volta. Mas com as massas desempenhando apenas um pequeno papel, tudo ficou desordenado; a política oscilava de maneira imprevisível, sem ancorar-se na grande aglomeração de pessoas dentro de organizações políticas que havia caracterizado grande parte do século XX. Mas ao menos a loucura fez com que o povo voltasse a pensar em política.

Para entender a noção de que *a política estava de volta* e para compreender o profundo senso de desordem que é uma característica da nossa era, precisamos voltar ao Fim da História, período posterior à queda do Muro de Berlim, em novembro de 1989, que marcou o fim simbólico de um mundo dividido entre o comunismo e o capitalismo, e a vitória total do último. Somente quando recordamos o tédio da era conhecida como o Fim da História — aquela sensação de que a democracia neoliberal estagnada era tudo o que existia — é que podemos compreender o quão chocante tem sido o retorno da política desde 2016.

1.1 Eu me odeio e quero comprar

Refletindo sobre o início de uma nova era no começo da década de 1990, o historiador Eric Hobsbawm observou que o "breve século XX" "terminou em uma desordem global cuja natureza não era clara e sem um mecanismo óbvio para acabar com ela ou mantê-la sob controle".[3] Essa impotência, no entanto, não se devia apenas à complexidade dos problemas em si. Afinal de contas, alardear complexidade é o truque que os tecnocratas vêm usando há 3 décadas, com o único objetivo de reduzir as expectativas. Em vez disso, a impotência estava "no aparente fracasso de todos os programas, antigos e novos, para gerenciar ou melhorar os assuntos da raça humana".[4]

Além disso, ficamos sem nenhuma força que prometesse fazer isso. Ao analisar o cenário, Hobsbawm observou um mundo dividido entre "Estados estáveis, fortes e favorecidos [que] poderiam se considerar imunes à insegurança e à carnificina", e aqueles que se encontravam fora da bolha ocidental. Entretanto, várias novas ameaças despontavam no horizonte — terrorismo, fundamentalismo islâmico, migração em massa, degradação ambiental e assim por diante — que poderiam vir a furar essa bolha.

Lá fora, naquilo que ainda era chamado de "Terceiro Mundo" — embora de forma anacrônica — havia vários movimentos que não defendiam os ideais universalizantes que estruturavam o conflito da Guerra Fria (capitalismo liberal ou comunismo). Em vez disso, esses movimentos buscavam apenas uma identidade e uma ordem social seguras em um mundo em desintegração; movimentos de base étnica ou religiosa proliferaram. Esses movimentos poderiam até conseguir derrubar regimes, segundo Hobsbawm, mas, à semelhança do fascismo do período entre guerras, que também se revoltou contra a dissolução moderna, eles não tinham soluções reais para os problemas. Pior ainda, como isso se aplicava ao mundo todo, a todas as organizações políticas, não estava claro se ideias políticas eram capazes de gerar movimentos nacionais de massa organizados.

Por sua vez, os cidadãos pareciam, em grande parte, resignados a deixar os assuntos do Estado para a "classe política". Na esteira dessa renúncia, proliferou um "amálgama de slogans e emoções" que mal poderia ser chamado de ideologia: política de identidade e xenofobia.

Então, o que mudou desde 1994, quando a obra de Hobsbawm foi publicada pela primeira vez? A desordem é bem aparente hoje e os movimentos por "identidade protegida e ordem social" parecem descrever adequadamente as forças políticas que governam muitas nações ocidentais, por exemplo, o nacional-populismo. Mas enxergar apenas uma desordem ininterrupta seria ignorar exatamente a ordem estabelecida que governou a era do Fim da História. É claro que havia "novas ameaças", mas nenhuma que colocasse em questão a democracia liberal, precisamente porque as novas ameaças não traziam nenhum programa sério para um meio alternativo e melhor de organizar a sociedade. A Nova Ordem Mundial anunciada pelo presidente George H. W. Bush em 1991 prometia paz e cooperação sob a égide da liderança dos Estados Unidos — na verdade, sua hegemonia total. Mas não era apenas em termos geopolíticos que a estabilidade seria alcançada. O modo completo de funcionamento da política nacional tinha como premissa remover os cidadãos do envolvimento ativo. Em seu lugar, havia a "pós-política", uma forma de governo que tenta impedir a contestação política enfatizando o consenso, "erradicando" a ideologia e governando por meio de provas e conhecimentos especializados em vez de interesses ou ideais. Na base de tudo isso estava um regime econômico — o neoliberalismo — que privilegiava a concorrência privada acima de tudo. O papel do Estado era simplesmente o de regulamentar as transações do mercado e garantir seu funcionamento adequado. Um comércio internacional em constante expansão e sem restrições — globalização — proporcionaria uma recompensa aos vencedores. E, na verdade, todos sairiam ganhando: quando o sol brilha, brilha para todos.

Essa noção teve tanto sucesso que naturalizou as relações econômicas. As grandes questões, sobre o que é produzido e quem recebe quanto, foram resolvidas. A política, então, tinha pouco a tratar e, consequentemente, as capacidades do Estado se atrofiaram. Sem nada pelo que lutar, os cidadãos se retiraram da esfera pública para se concentrar em assuntos particulares. Parecia que a Era dos Extremos de Hobsbawm havia dado lugar a uma era diferente, a Era do Eu.[5] Buscar satisfazer desejos pessoais no mercado tornou-se a totalidade da experiência humana. O vencedor da luta ideológica do século XX entre o comunismo e o capitalismo foi, na verdade, o consumismo — "o 'ismo' que ganhou".[6]

É claro que foi o capitalismo que realmente venceu. Mas, desprovidos de uma alternativa sistêmica, até a noção de que vivíamos em um sistema chamado "capitalismo" desapareceu por completo. A sociedade contemporânea passou a ser vista como uma ordem natural, e não como o produto de um desenvolvimento histórico conflituoso. Isso até a Crise Financeira Global (CFG) de 2007-08. Então, de repente, essa entidade autônoma a que nos referíamos como "a economia" foi posta em dúvida. Tal evento marcou a primeira grande interrupção do "Fim da História" proclamado por Francis Fukuyama em 1989 após o colapso do "socialismo real". Os eventos pareciam estar acelerando. Mesmo assim, levou um tempo para que as disfunções da CFG encontrassem uma manifestação política consciente.

No início da década de 2010, assistimos a protestos, novos movimentos e até revoluções (fracassadas). Mas o verdadeiro desenlace para os centros do capitalismo global chegou em 2016. A eleição de Donald Trump e o triunfo da opção 'Leave' (Deixar) no referendo sobre a permanência ou não do Reino Unido na União Europeia marcaram o fim de qualquer complacência em relação à continuidade dos modelos predominantes de democracia liberal, globalização ou neoliberalismo. Esses eventos foram as instâncias mais proeminentes da força mais importante que surgiu para desafiar o consenso pós-político: *a antipolítica*.

Em vários pontos do mundo, inclusive nos centros nevrálgicos do capitalismo global, as pessoas proclamavam "eles não nos representam!" Os *establishments* neoliberais dominantes na maior parte do mundo foram abalados. A autoridade de práticas tão variadas como o jornalismo, a economia e o direito também foi corroída devido ao declínio da credibilidade. O imenso déficit de confiança que caracterizou grande parte do discurso social e político foi produto da instrumentalização da expertise durante o Fim da História. A tecnocracia gerencial alegava ter as respostas, mas foi fatalmente prejudicada, primeiro pela CFG e depois por Trump e o Brexit em 2016.

Os 4 anos que se seguiram foram marcados exatamente pela sensação de desordem à qual Hobsbawm assistiu nos primeiros dias após o colapso da União Soviética. Uma revolta global contra as instituições políticas estava então em andamento, e aqueles que se identificavam com a ordem em ruínas começaram a enlouquecer, enquanto buscavam teorias conspiratórias extravagantes para explicar o que estava acontecendo. Como poderia nossa paisagem reluzente, sem atritos e bem iluminada ser obscurecida, como o meio-dia poderia estar tão lúgubre? Estaria o Fim da História sendo eclipsado?

Se ainda restava alguma dúvida, a crise da covid-19 de 2020 provou ser definitiva, o Fim do Fim da História estava diante de nós. A história chegou ao fim em 1989. Em 2008, a ordem econômica foi abalada. O acerto de contas político veio em 2016. Em 2020, o Fim da História havia terminado.

1.2 Um bilhão de varandas voltadas para o sol

A natureza épica dessas transformações só pode ser totalmente compreendida quando se relembra a paisagem afetiva do Fim da História. Como se *vivenciava* essa cultura? À medida que as visões políticas alternativas se desvaneciam, a cultura — especialmente a "cultura alternativa" — parecia flutuar livremente, desvinculada de qualquer perspectiva social determinada. Assim, o consumismo prevaleceu e os ataques da cultura alternativa contra ele apenas demonstraram o verdadeiro predomínio de seu alvo. Quando o ataque falhava, bastava parar de se importar. O Fim da História foi a era do consumismo, sim, mas foi também a era do niilismo.

No início dessa era, a música techno e a cultura rave floresceram. O mundo parecia aberto e cheio de possibilidades, pelo menos o indivíduo. Era quase como se os antigos deveres públicos e as restrições estivessem sendo abandonados. A repetitividade da dance music parecia exemplificar algo da época: a house music e o techno não tinham começo, meio ou fim; tudo girava em torno de textura e sensação, não de estrutura narrativa. Esses estilos pareciam recapitular o argumento sobre o "fim das grandes narrativas", característica definidora da pós-modernidade.[7] Da mesma forma, o rock "alternativo" parecia não ir a lugar algum. Kurt Cobain, do Nirvana, estava fatalmente ciente de sua própria "pré-corporificação" — a percepção de ser um clichê de oposição na cultura do espetáculo.[8] O veterano crítico musical Greil Marcus ouviu na música da banda "o sentimento de humilhação, desintegração e derrota por alguma malevolência distante". A postura contracultural na década de 1990 recebeu o nome de "atitude", mas na verdade sua função era "proclamar em alto e bom som as próprias limitações e descartar a possibilidade de ir além delas".[9] Até mesmo o hip-hop abandonava rapidamente seu ímpeto de mudança social em favor de ostentação, mulheres e armas; o Public Enemy deu lugar a Jay-Z e depois a Kanye West e 6ix9ine. No Reino Unido, o Britpop parecia tornar o país "cool" novamente e a Union Jack [bandeira do Reino Unido] — antes considerada um símbolo de racismo e imperialismo — podia ser agitada com leveza, abraçada por ícones da cultura pop (que em breve seriam convidados a visitar a residência do Primeiro Ministro em Downing Street).

Enquanto isso, o cinema convencional apresentava explosões de violência irracional e, em sua maioria, despolitizada, em resposta ao tédio consumista (mesmo quando pretendiam ser críticas a ele) em filmes como *Clube da*

Luta, *Assassinos por Natureza* ou *Um Dia de Fúria*. A "malevolência distante" que Marcus observou no grunge teve reflexo em filmes que transmitiam temas paranoicos de simulacro total ou controle mental, como em *Matrix*, obviamente, e também em *O Show de Truman* e *eXistenZ*.

A televisão, *o* meio de comunicação dos anos 1990, ainda podia ocasionalmente atuar como um veículo de transgressão, mesmo sendo rotulada como uma "caixa de idiotas" pelo que restava da contracultura. *Os Simpsons* e *Beavis & Butthead*, ambos ligados à cultura "alternativa", logo deram origem a *Family Guy* e *South Park*, que tentaram levar a ofensividade do *mainstream* ao limite, embora o vínculo com as subculturas dos jovens fosse cada vez mais tênue. Emblemático da televisão do início dos anos 2000 foi *Jackass*, que prenunciava um mundo de celebridades que alcançaram o sucesso por conta própria e estrelas do YouTube. Era superficialmente subversivo, mas definitivamente apolítico, com pouca conexão com a subcultura jovem, exceto pelo skate. As acrobacias masoquistas da turma de *Jackass* pareciam uma tentativa niilista de superar o tédio. E se a autopunição não fosse seu estilo, então poderia desfrutar da humilhação do outro: *Big Brother*, *Jerry Springer*, *Jeremy Kyle*, *I'm a Celebrity* e uma série de outros programas de TV do gênero "reality show" permitiam a elevação do eu por meio da difamação sádica do alheio.

Do ponto de vista estilístico, as ondas "retrô", a apropriação e a reutilização da moda de micro-épocas anteriores começaram a acelerar. No início dos anos 1990, a cultura rave e seu "Segundo Verão do Amor" buscaram inspiração no final dos anos 1960 e logo foi seguida por um fascínio pelos anos 1970. A conhecida frase de efeito da época, "it's the 90s" [são os anos 1990] (que significa "get with it" [entre na onda]), procurava demonstrar modernidade, apesar da evidente fixação da época por passados mais descolados.

Para aqueles com uma ideia do que a política havia sido ou poderia voltar a ser — ou para aqueles que simplesmente tinham esperanças de que a política pudesse ser interessante, furiosa, rebelde e romântica — o rap metal do Rage Against the Machine e os documentários de Michael Moore foram criados para preencher o vazio. Mas como a sociedade como um todo se despolitizou, esses artefatos "políticos" se destacaram como tentativas hiperpolíticas de energizar as massas por meio da pura força de vontade. Naturalmente, eles fracassaram. Pior ainda, eram apenas mais uma identidade ou — para sermos deveras condenatórios — uma marca.

A falta de um senso de futuro, o eterno presente daquelas décadas, fez com que as concepções de História mudassem. Mark Fisher nomeou de maneira perspicaz esse estado de espírito predominante de "hedonia depressiva".[10] Não se tratava tanto do fato de que as pessoas não conseguiam sentir prazer, mas sim de que demonstravam incapacidade de fazer qualquer coisa *além* de buscar o prazer. Consumismo e niilismo. Algo estava faltando. A sociedade se aposentara; havíamos ido para casa para ficarmos sentados indiferentes em nossas varandas. Tínhamos dado "um último adeus às guerras e às ideologias. Mas", perguntou o romancista J. G. Ballard em *Cocaine Nights*, "como energizar as pessoas, dar-lhes algum senso de comunidade? Um mundo deitado de costas é vulnerável a qualquer predador astuto".[11]

O senso de comunidade era buscado em aventuras escapistas e hedonistas como a cultura rave, que fingia representar "resistência", mas apenas no sentido mais temporário. Seu correlato político estava no movimento de justiça global (também conhecido como anti- ou alter-globalização) e, mais tarde, no movimento Occupy. Os protestos lembravam um carnaval: derrubavam-se ou destruíam-se hierarquias, mas as coisas voltavam à normalidade consumista no dia seguinte. Tanto o protesto quanto a dança eram pouco mais do que uma válvula de escape.

A cultura pré-internet (na verdade, pré-redes sociais) da década de 1990 e do início dos anos 2000 representou as últimas brasas da contracultura,[12] uma postura antagônica em relação ao *mainstream* e ao burguês. Era uma faceta da chamada crítica "artística" ao capitalismo que buscava a libertação e rejeitava a inautenticidade.[13] É claro que ainda era possível encontrar fragmentos de uma cultura oposicionista. O software de compartilhamento de músicas Napster, por exemplo, foi um ponto focal para debates sobre propriedade, direitos autorais e acesso. Olhando para trás, porém, essas referências parecem artefatos de um momento cultural passado e, em uma infeliz ironia, uma vítima daquilo que Simon Reynolds chamou de "retrô mania".[14] Os ressurgimentos contemporâneos de momentos anteriores da cultura pop reutilizam o estilo, mesmo sem o limitado conteúdo social da década de 1990. A "crítica artística" foi totalmente incorporada pelo capitalismo.

1.3 A piscina de ondas

Mas como era a política de oposição na época, durante o Fim da História? Até antes dos ataques de 11 de setembro de 2001, que desviaram a atenção para a guerra e a geopolítica, o ativismo de esquerda havia assumido uma tendência neo-anarquista. Eventos e movimentos como o Carnival Against Capitalism [Carnaval contra o capitalismo, na Alemanha], Reclaim the Streets [Reivindique as ruas, na Inglaterra] e Tute Bianche [Macacões Brancos, na Itália] substituíram a organização, os programas e a liderança por confrontos com a polícia. Como uma espécie de ressurgimento do situacionismo, apresentavam táticas como o "adbusting", tentativas de criticar o consumismo desfigurando anúncios publicitários. Em vez de mirar a produção e a distribuição, os neossituacionistas lançaram-se contra os moinhos de vento capitalistas focando de maneira estreita o "espetáculo" midiático. A ideia de que danificar marcas causava danos ao sistema capitalista partia do pressuposto de que a antiga e respeitável autoridade burguesa ainda estava presente e se sentiria ofendida. Mas o capitalismo de seus avós era coisa do passado. Na verdade, os anunciantes já estavam usando as mesmas técnicas para vender imagens a consumidores "alternativos". Muito antes dos anúncios da Pepsi com Kendall Jenner regurgitarem os protestos do Black Lives Matter, o escritor da geração beat William S. Burroughs promovia roupas esportivas em um comercial da Nike de 1994.

A política alternativa pretensamente mais séria da época, inspirada em *Sem Logo* (1999) de Naomi Klein, e em *Empire* (2000), de Michael Hardt e Antonio Negri, buscava unificar uma série desconcertante de diferentes lutas. A expressão "teamsters and turtles" [caminhoneiros e tartarugas] significava a união de trabalhadores e ambientalistas. Mas sua incoerência organizacional se refletia nas mensagens políticas esquizofrênicas.

A personificação arquetípica do niilismo pós-histórico — os ataques de 11 de setembro — pôs fim a essa onda de protestos de oposição. O movimento antiguerra que contestava a invasão do Iraque liderada pelos EUA parecia indicar uma nova seriedade. O foco mudou das marcas americanas para a política externa americana. E, no entanto, o protesto apenas trocou o carnavalesco pelo moralista. Apesar de haver milhões de pessoas nas ruas, nunca houve a sensação de que a guerra poderia ser interrompida. De fato, a guerra permanente perdura até hoje.

Quando os protestos contra a guerra diminuíram, o ambientalismo assumiu o controle. Ao contrário da tentativa de formação de alianças do final da década de 1990, em meados da década de 2000 os trabalhadores já haviam saído de cena. Mesmo sem a pretensão de ter raízes na produção industrial, o ambientalismo tornou-se totalmente voltado ao consumo. Em vez de atividade política no interesse de um eu coletivo, o ambientalismo e o humanitarismo dos anos 2000 eram totalmente voltados para o outro. Qual era a imagem do mundo que eles pintavam? Consumidores ricos e gananciosos no Norte Global contrastando com produtores pobres, organicamente incorporados e carentes no Sul Global. E isso quando a defesa de direitos leva em consideração as pessoas. Em sua pior versão, o ambientalismo se posicionava totalmente contra os seres humanos, unificando o niilismo e o consumismo (negativo).[15]

A moralização dos consumidores parecia ser o único ponto de alavancagem para a "oposição" ao capitalismo. Enquanto na década de 1990 a cultura alternativa mantinha o pretexto de estar fora do mercado e contra ele, na década de 2000, o mercado era o meio pelo qual se deveria buscar a política. Os sinais já eram evidentes quando a revista anticonsumista *Adbusters* decidiu começar a vender seus próprios sapatos Blackspot "sem marca" em 2004. O consumismo ético ou político floresceu, com o Fairtrade [Comércio Justo] declarando-se "a favor e contra" o mercado.[16] A campanha Make Poverty History [Faça com que a Pobreza Vire Passado] em meados da década, com suas pulseiras brancas consumíveis, foi o auge do fazer-se política para as pessoas "de lá". Logo depois, o crescimento das redes sociais sugeriu que as novas tecnologias poderiam ser aliadas das campanhas voltadas ao consumidor político. O tom fortemente moralista e as imagens de sofrimento distante foram aos poucos amenizados em favor de apelos leves para "só clicar": veja como é fácil promover mudanças positivas. Era a época do "clique-ativismo", quando acreditávamos que as redes sociais mudariam o mundo para melhor.

Mas a Crise Financeira Global logo trouxe a política de volta para casa. A defesa da classe média para vítimas distantes não podia mais ganhar a atenção da mídia na era das execuções hipotecárias e da austeridade. A farsa da campanha "Kony 2012" apenas confirmou o fim desse estilo de ativismo. Surgiu então um novo discurso sobre a desigualdade, aproveitando a divisão entre ricos e pobres no próprio país. Esse talvez fosse o embrião de uma nova política de classe. A política feita *por e para* as massas — e não *por* benfeitores da classe média *para* vítimas merecedoras "de lá" — estava de volta.

Mas então, depois do movimento Occupy, o discurso ativista passou pela mais farsesca ressurreição de todas. As guerras de campus no estilo dos anos 1980 ressurgiram como feminismo da quarta onda. Esse radicalismo superficial e de colarinho branco logo se expandiu para a interseccionalidade. Toda a energia da nova política da desigualdade pareceu ser repentinamente absorvida por rancorosas guerras culturais online. Os jovens estudantes universitários e recém-formados que, em meados dos anos 2000, gritavam contra turistas por voarem desnecessariamente, reencarnaram em meados dos anos 2010 como avatares do Twitter dizendo aos não engajados que suas fantasias de Halloween eram "inaceitáveis".

Em suma, as sucessivas ondas de ativismo desde o fim da Guerra Fria se tornaram cada vez mais individualistas e voltadas para o consumo; elas haviam se acomodado ao mercado. Uma onda após a outra atingia o litoral, mas não houve transformação. Era como se tudo tivesse sido uma brincadeira. Nada daquilo era sério em relação à tomada do poder estatal.

1.4 Desobstruindo o futuro

Mas então, em um desenvolvimento à parte (embora não de todo independente), uma geração retornava à política formal. Os movimentos das praças na Espanha e na Grécia deram origem a novos partidos, como o Podemos e o Syriza. As mesmas forças subterrâneas levaram à infusão de uma nova energia de esquerda em partidos decadentes no Reino Unido e nos EUA. Aliás, foi esse entusiasmo que nos levou a iniciar um podcast, *Aufhebunga Bunga,* o qual gerou muitas das ideias contidas neste livro. Depois de anos reclamando da ausência de política, de repente as coisas pareciam estar acontecendo. As velhas ilusões de "mudar o mundo sem tomar o poder" estavam sendo superadas; organizações eram construídas; de repente, todos eram socialistas. Mas só porque o Fim da História estava terminando, não significava que algo novo estava se apresentando claramente. Pelo contrário, as sementes do novo ainda precisavam ser buscadas.

Infelizmente, quem venceu no final da década de 2010 não foi a esquerda. As elites ainda governavam, mesmo que houvesse uma mudança de guarda em andamento. Quanto ao tom, o "populismo" levou a melhor, provocando reações histéricas da ala liberal do *establishment*. Em essência, os laços entre o liberalismo e a democracia estavam se desgastando. O modelo em ascensão era o da China — um capitalismo autoritário e dirigido pelo Estado. Este é um mundo muito diferente. Portanto, embora o Fim do Fim da História esteja proporcionando uma súbita abertura política, a esquerda até agora não se mostrou capaz de aproveitá-la. Em vez disso, a política dominante está se transformando para enfrentar — ainda que de forma inadequada — as antigas contradições não resolvidas da CFG e as novas decorrentes da crise da covid-19. A nova era exigirá uma nova esquerda.

Tabela 1.1: Política dominante e de oposição da Guerra Fria até o presente

	Força política hegemônica	**Formas dominantes de política de esquerda**	**Mídia**	**Cultura oposicionista**	**Sentimento político**
Guerra Fria (1945–1989)	Democracia liberal	Social-democracia, Anti-imperialismo, Comunismo	Jornais & Televisão	Contracultura	Engajamento, Oposição
Fim da História (1989–2015)	Pós-política	Antiglobalização, Justiça social	Televisão	Mercantilização da contracultura, Hedonismo depressivo	Apatia
Fim do Fim da História (2016–?)	Antipolítica	Populismo de esquerda	Internet, Redes sociais	Memes	Raiva

O que pretendemos fazer aqui é explorar como o Fim da História terminou e o que isso significa para a política atual. Por meio da análise desses desenvolvimentos históricos, esperamos elaborar uma estrutura que nos permita identificar o que é novo e o que está por vir. Na tabela acima, apresentamos um esquema das transformações políticas ocorridas desde a Guerra Fria, passando pelo Fim da História, até o período atual do Fim do Fim da História, que encapsula o fio argumentativo que permeia o livro.

Muitos dos casos e exemplos que citamos são do mundo anglófono, porque os desenvolvimentos globais que rastreamos se expressam ali com maior clareza. O Fim da História foi originalmente teorizado a partir de uma perspectiva norte-americana e europeia, e o núcleo do mundo capitalista em torno do Atlântico Norte continua a ditar tendências (até agora, pelo menos; a crise da covid-19 poderá se revelar como o "momento Sputnik" da China).[17] Entretanto, sempre que possível, recorremos a exemplos de outras partes do mundo para ilustrar como a ideia do "Fim da História" e do "Fim do Fim da História" se aplicam globalmente. Por exemplo, ao discutirmos a política anticorrupção, examinamos o caso da Europa Oriental, uma vez que a política pós-ideológica emergiu fortemente lá após a queda do socialismo real; em certo sentido, foi onde o modelo de democracia liberal foi implantado mais cedo e com maior força no Fim da História e onde agora a revolta contra ele é flagrante.[18]

Este não é um relato exaustivo da política global atual, até porque diferentes nações e regiões manifestam inflexões específicas das tendências gerais e globais em que nos concentramos. Por exemplo, a China ascende durante o Fim da História, mas de formas que contrariam as prescrições neoliberais; o Brasil assistiu no final dos anos 1980 ao surgimento do último grande partido social-democrata de massas, que governou durante os anos 2000; a posição hegemônica da Alemanha na União Europeia significa que o país não vivenciou os movimentos populares que tomaram o sul da Europa. E, é claro, fora da bolha ocidental, a política pode ter se mostrado muito mais viva do que em nossas caracterizações acima, centradas na Anglosfera. Houve protestos, tumultos, golpes de Estado e uma ampla variedade de regimes. Mas, sobretudo, tratava-se simplesmente de capitalismo, mais brutal nas práticas do que na essência, como sempre tem sido.

A questão fundamental é que pouquíssimos casos apontaram para uma forma radicalmente diferente de organização social como fizeram o socialismo, a revolta radical e o comunismo ao longo do século XX. De fato, as exceções comprovam a regra. Basta observar a fixação da esquerda ocidental na Palestina, Venezuela ou, mais recentemente, Rojava (população conjunta atual: 40 milhões). As sociedades taciturnas do Ocidente nos levaram a procurar por sinais de renovação em todos os cantos do mundo. Mas a política sempre começa em casa.

1.5 Organização do livro

Essencial para o arcabouço teórico deste livro é compreender que vários experimentos do século XXI, até o momento, não se configuraram como História com "H" maiúsculo. Francis Fukuyama foi ridicularizado repetidamente por sua infame previsão, o que apenas demonstra que poucos realmente o leram. A proposição não era que não haveria mais eventos ou que toda sociedade se conformaria à democracia liberal ocidental. Havia um sentido mais profundo de História, uma dialética das lutas humanas universais pela liberdade — e era *isso* que estaria ausente. Daí o pessimismo de Fukuyama, e não o triunfalismo, ao anunciar a nova era. A maneira como o Fim da História está terminando, sem ter levado a um reinício da História propriamente dita, é o tema do Capítulo 2.

Se a História ainda não está realmente de volta, o que dizer da política? O Capítulo 3 se concentra na questão de seu retorno. A política foi negada durante o Fim da História por meio de uma estratégia de despolitização conhecida como "pós-política". De que maneira ela operava e o que a fez desmoronar? Se a *apatia* dominou as décadas de 1990 e 2000, será que a prevalência da *raiva* em nosso período atual sinaliza algo novo? Argumentamos que o adversário da pós-política é a *antipolítica* — uma rejeição do *establishment* político e de sua abordagem gerencial de governar a sociedade. A antipolítica, ao desafiar o consenso com o dissenso (ou a divisão), traz a política de volta à vida cotidiana.

No Capítulo 4, voltamo-nos para um conjunto de reações psicopolíticas ao Fim do Fim da História que chamamos de Síndrome do Colapso da Ordem Neoliberal. O retorno das divisões políticas, do "nós" contra "eles", ou do povo contra a elite, abalou um arranjo que se havia mostrado bem confortável para muitos na mídia, nas ONGs, na universidade ou no serviço público. A rejeição popular da autoridade dos "entendidos em política", em particular, desencadeou uma série de comportamentos sintomáticos, desde a negação da mudança social até a compulsão à repetição, que catalogamos e discutimos.

No Capítulo 5, examinamos a força política predominante no mundo atual, aquela que está abalando as instituições políticas: a antipolítica. Por meio de um relato de vários casos em todo o mundo, da anticorrupção ao populismo e ao "horizontalismo", mostramos como a antipolítica pretende ser popular e democratizante, mas, na verdade, contém uma lógica autodestrutiva: ao atacar a autoridade política e rejeitar a representação, a antipolítica impede que os movimentos populares tomem o poder para si. Pior ainda, a antipolítica pode ser despolitizante, seja reconduzindo a uma gestão pós-política ou pavimentando o caminho para um governo autoritário. A experiência do Brasil com a política anticorrupção é explorada em profundidade como exemplo ilustrativo dessas tendências.

Mas o drama do Brasil foi apenas uma reencenação farsesca da tragédia pioneira da Itália, tema do Capítulo 6. A experiência da Itália nas décadas de 1990 e 2000 é instrutiva: é um augúrio do Fim da História global e de seu fim. Em Silvio Berlusconi, temos o arquétipo do político da época: um magnata da mídia, um gestor neoliberal, ao mesmo tempo um populista comum e um Übermensch super bem-sucedido, um beneficiário da política anticorrupção e um avatar da corrupção política. Além disso, a própria Itália condensa muitas tendências contemporâneas: desigualdade regional, estagnação econômica, emigração e hostilidade à imigração, governos tecnocráticos implantados e austeridade da União Europeia. A Itália também é pioneira em uma nova forma de organização política: o tecnopopulismo, uma fusão das duas principais tendências do Fim da História. As formas políticas são o tema do Capítulo 7, no qual a análise apresentada nos capítulos anteriores é aplicada, em primeiro lugar, aos partidos, examinando como eles foram esvaziados e remodelados. Em segundo lugar, analisamos os protestos que, ao contrário da crença popular, nunca desapareceram de fato. Pelo contrário, diferentes formas de protesto se tornaram mais proeminentes, mesmo quando a política foi esvaziada das paixões populares. O ponto principal aqui são as mudanças na dinâmica de classes e a forma como o ensino superior se tornou uma nova clivagem social. As camadas mais jovens de profissionais e gestores da sociedade permaneceram politizadas — e recentemente se tornaram ainda mais. Isso explica não apenas o entusiasmo pelos protestos, mas também a prevalência das acirradas guerras culturais de hoje. Infelizmente, muito do que agora passa por política popular em nossa nova era é apenas o antagonismo entre duas facções da classe média.

Mas então, a política está de volta? Talvez... mas em formas estranhas. As mutações nas ideologias políticas — e nos alinhamentos de classe que elas pressupõem — são analisadas no Capítulo 8. Nessa seção especulativa do livro, oferecemos prognósticos sobre como um mundo pós-covid-19 se polarizará politicamente. Com os gestores tradicionais do capitalismo abandonando as restrições do neoliberalismo, emerge um arranjo corporativista reformulado. Ironicamente, são as forças da centro-esquerda liberal que se tornarão os últimos porta-estandartes do pacote neoliberal — especialmente seus aspectos políticos e culturais: tecnocracia, gerencialismo, interseccionalidade e individualismo. O mundo pós-neoliberal também verá o crescimento contínuo de uma visão defensiva e xenófoba da sociedade à direita política. Essa concepção organicista da nação será malthusiana, fixada em populações excedentes e recursos limitados.

Concluímos com uma discussão sobre as novas formas que as políticas populares e da classe trabalhadora poderão assumir. Os riscos estão crescendo. O Fim da História, devorador de lótus, está recuando rapidamente. Transcender a era em que o povo fica em casa, a política funciona no piloto automático e a elite se entrega a festas bunga-bunga é de extrema necessidade.

Capítulo 2

Os Fins da História

Como terminou o Fim da História e por que a história não recomeçou? O que significa dizer que a história termina? Como a história pode terminar se o tempo é irreversível?

Em nossa era contemporânea, a modelagem da história política e social em uma estrutura narrativa coerente — com começo, meio e, principalmente, fim — remonta ao fim da Guerra Fria. Em 1989, um funcionário acadêmico e cientista político vinculado ao departamento de segurança dos EUA, Francis Fukuyama, alegou que a vitória do Ocidente na Guerra Fria não apenas encerrou um período específico da história internacional, mas também pôs um ponto final à própria narrativa. A estranha e impactante tese de Fukuyama — que, por sua vez, foi inspirada pela filosofia do idealismo alemão desenvolvida por G. W. F. Hegel, escrita no período pós-Guerras Napoleônicas no início do século XIX — foi imediatamente contestada, criticada e repudiada em todas as frentes. O próprio Fukuyama hesitou, perdeu a coragem e acabou recuando sobre certos aspectos de seu argumento em resposta aos vários ataques intelectuais que sofreu.

Fukuyama reformulou sua tese na esteira da desastrosa invasão do Iraque no início do século XXI e, em seguida, modificou-a ainda mais em resposta ao voto britânico favorável à saída da União Europeia (UE) em 2016 e à eleição de Donald Trump como presidente dos EUA no mesmo ano. Mesmo quando a história parecia tomar um novo rumo dramático, ninguém — nem mesmo o próprio Fukuyama — estava disposto a defender a afirmação de que a história tinha padrões identificáveis e significativos que davam uma forma subjacente ao fluxo de eventos — apesar das evidências claras pelas quais a tese de Fukuyama foi reiteradamente validada.

O que significava, então, que a história havia terminado quando o Muro de Berlim caiu em 1989 e a própria URSS foi dissolvida em 1992? Quando Fukuyama disse em seu artigo de 1989 na revista *The National Interest* que a história havia terminado, não se tratava apenas de um floreio para glorificar a providencial vitória americana sobre a URSS após um conflito de décadas.[1] Fukuyama estava dizendo que a Guerra Fria havia sido muito mais do que um equilíbrio de poder, estratagemas diplomáticos, sistemas de alianças concorrentes ou uma contagem de quem tinha mais mísseis nucleares e tanques. Ao afirmar que a história havia terminado, Fukuyama declarava que a Guerra Fria era, em última análise, o que parecia ser: uma luta entre sistemas ideológicos antagônicos para decidir qual seria o melhor meio de organizar a sociedade humana para o futuro. Em outras palavras, as ideologias conflitantes da Guerra Fria não eram apenas uma camuflagem para os interesses do poder estatal, mas um elemento central do próprio conflito. Se levarmos a sério a tese de Fukuyama, significaria então que, por trás da hipocrisia, da malevolência e das promessas não cumpridas do "Mundo Livre", assim como das esperanças ainda mais deturpadas encarnadas no comunismo soviético, a luta pela melhor forma de organizar a sociedade era real.

Como já indicado, a ideia de Fukuyama não era original — ele a emprestou do planejador europeu e filósofo emigrado franco-russo Alexandre Kojève, que, por sua vez, a derivou da filosofia política pós-napoleônica de Hegel. De que forma Fukuyama transplantou uma tese tirada da Alemanha do início do século XIX para a Europa do pós-guerra e, depois, para o mundo pós-Guerra Fria? Os artifícios hegelianos de Fukuyama foram amplamente vistos como o carimbo da vitória americana, a validação do governo americano e do sistema americano e, em última análise, a validação do próprio império americano — conferindo aos esforços dos EUA pela democratização uma inevitabilidade e finalidade históricas. A afirmação clara e contundente da tese era que a vitória dos EUA na Guerra Fria teria resolvido as questões básicas relacionadas à organização e ao funcionamento das sociedades humanas.

A Guerra Fria sempre foi um conflito global. Isso significava que praticamente todos os países, partidos políticos, governos e grupos rebeldes — por mais triviais que fossem e independentemente de sua matiz ideológica — tinham que decidir como se relacionar com o conflito entre os EUA e a União Soviética, mesmo que apenas para se abster dele. Ao fazer isso, todos, por sua vez, participaram e ajudaram a solidificar e globalizar a Guerra Fria.[2] Quem eram seus aliados e inimigos? Quem lhes forneceria armas — Washington, Moscou ou Pequim? Qual seria seu programa social e econômico uma vez no poder? Quem os apoiaria nas Nações Unidas e na diplomacia mundial? Quem financiaria seu desenvolvimento econômico? Com quem comercializariam? Essas eram questões políticas básicas que precisavam ser decididas em um mundo profundamente competitivo.

Portanto, esse entendimento da história desenvolvido por Fukuyama não se limitava apenas à competição geopolítica ou mesmo político-partidária, mas abrangia a disputa por princípios fundamentais de organização da vida social. O que tornou histórica, por assim dizer, a corrida armamentista nuclear não foi apenas a impressionante capacidade destrutiva ou a rivalidade geopolítica envolvida, mas o fato de que era expressão armada de um confronto sobre os melhores meios de organizar a vida humana.

É essa noção de história que está em jogo nesses debates — a história como um processo de institucionalização de diferentes tipos de vida coletiva, organizada em torno de diferentes formas e meios de se integrar à participação humana em suas próprias sociedades. Aliada a essa afirmação estava a noção de que padrões universais de formação da ordem são discerníveis e significativos no processo histórico, mesmo se surgirem independentemente da vontade de qualquer protagonista específico. Para Fukuyama, essas estruturas participativas e o reconhecimento das necessidades individuais foram exauridos pela democracia liberal ocidental. Assim, dizer que os EUA haviam vencido não era simplesmente validar um dos lados na competição bipolar da era da Guerra Fria, mas apontar que a vitória americana tinha alcance global e era épica em termos históricos — suas implicações seriam sentidas em todos os lugares e alterariam retrospectivamente a compreensão da sequência de eventos que levaram a 1992. Se essas questões fossem consideradas resolvidas e se a fórmula para o governo das sociedades humanas tivesse sido definida no âmago do sistema internacional, então, necessariamente, haveria consequências para a estrutura de governo e para a tomada de decisões coletivas em toda parte.

A grandiosa e ousada tese de Fukuyama atraiu muita ira, principalmente devido a um mal-entendido. As pessoas interpretaram Fukuyama erroneamente, como se ele tivesse afirmado que os relógios haviam parado, ou que nada mais aconteceria, ou mesmo que ele havia endossado especificamente os EUA em detrimento de outros países ocidentais. A alegação de Fukuyama era mais básica: não se tratava de que não haveria mais novidades — inteligência artificial, novas cidades, manipulação genética — mas sim que não haveria melhoria ou mudança fundamental nos planos profundos da política e da estrutura social. As simpatias do próprio Fukuyama eram mais social-democratas do que de livre mercado — é o capitalismo de bem-estar social da Dinamarca que mais o fascina, não o dos EUA[3] — mas isso não altera o status de sua afirmação básica. Embora possa haver variações nas alíquotas de impostos e nos níveis de gastos públicos entre, por exemplo, a Dinamarca e os EUA, sem mencionar todos os tipos de instituições e práticas diferentes, as estruturas fundamentais eram essencialmente as mesmas: democracia liberal e capitalismo de mercado liberal.

Fukuyama transcendeu o floreio presunçoso de sua tese original em um livro publicado sobre o mesmo tema alguns anos depois.[4] De forma mais ponderada, ele deixou claro que o Fim da História seria enervante e não energizante. Sem uma grandiosa disputa por princípios políticos, Fukuyama argumentou que o consumismo privatizado, o hedonismo e até mesmo o niilismo prevaleceriam como sentimentos dominantes. Todos os supostos desafios à tese do Fim da História — por exemplo, as novas ideologias do mundo pós-Guerra Fria, como o jihadismo islâmico e o ambientalismo — corroboraram a afirmação central de Fukuyama. A disseminação dessas ideologias após o fim do confronto entre os EUA e a União Soviética acabou exemplificando diferentes aspectos — consumista ou niilista — da condição pós-histórica identificada por Fukuyama. Por mais assassino e ostensivamente sangrento que tenha sido, o jihadismo, por exemplo, nunca conseguiu estabelecer um polo sólido de oposição ou um modelo duradouro de ordem política e estabilidade. O apelo em massa do jihadismo e do islamismo estava baseado em sua capacidade de desferir golpes contra o império americano, e não em substituí-lo, o que eles eram claramente incapazes de fazer.

Por mais resilientes que os Estados autocráticos tenham se mostrado, Fukuyama ressaltou que os governos autoritários que sobreviveram às ondas de democratização pós-Guerra Fria ainda assim renderam homenagem à democracia liberal, como evidenciado na contínua encenação de eleições falsas. Da mesma forma, os novos problemas que pareciam emanar do mundo em desenvolvimento não eram mais revoluções anti-imperialistas — ou seja, a criação de novas ordens políticas — mas sim o colapso e o fracasso do Estado. Isso reafirmou o argumento básico de Fukuyama: talvez houvesse problemas que poderiam ser administrados, mas não havia alternativa para o status quo, nenhum meio legítimo ou viável de reestruturar a vida social e política para melhor — o melhor já havia sido alcançado.

Se a fórmula básica do governo da humanidade havia sido definida, então, claramente, a gama de variações políticas seria mais limitada por definição. Isso era nitidamente visível nos sistemas políticos nacionais em todo o mundo: o espectro ideológico da competição político-partidária foi comprimido. À medida que a extremidade à esquerda do espectro era removida, a extremidade à direita se tornou igualmente supérflua. As opções políticas do centro se expandiram automaticamente para ocupar a totalidade do espectro político. Ao mesmo tempo, a gama de opções políticas válidas encolhia enquanto a diversidade política era reduzida. Os partidos políticos começaram a competir mais intensamente pelo domínio do centro, confiantes de que poderiam manter seus blocos de eleitores mais antigos e leais ancorados em partes do espectro político que não existiam mais — como o "cinturão vermelho" de Paris, formado por distritos operários que outrora votaram no Partido Comunista, ou os antigos núcleos industriais do Partido Trabalhista no norte da Inglaterra e nos vales do País de Gales. "Eles não têm mais para onde ir", observou Peter Mandelson, estrategista político do New Labour [Novo Trabalhismo], um partido arquetípico da era pós-histórica.[5]

Poucos cientistas políticos ou estrategistas se importariam ou saberiam muito sobre a etérea teorização hegeliana, nem veriam sua relevância para o dinamismo da competição político-partidária na era pós-Guerra Fria. No entanto, todo o processo de política e ciência política seguiu esse rastro hegeliano. O encolhimento do espaço ideológico que, por sua vez, intensificou a disputa eleitoral pelo centro do cenário, deu à vida política uma estabilidade na maioria dos países desenvolvidos que propiciou a realização de sondagens, generalizações ousadas e afirmações prognósticas desenvolvidas com o uso de técnicas econométricas. Essas tendências, por sua vez, reforçaram o movimento em direção à tecnocracia e ao domínio dos especialistas, que já estava implícita em um cenário pós-histórico. Afinal, se a política era menos controversa, qual a necessidade de os políticos oferecerem visões concorrentes da sociedade e tentarem conquistar eleitores? Se há essencialmente um único modelo e uma gama limitada de opções para aplicá-lo, então a questão não é tanto a criatividade ou a concretização das esperanças e aspirações das pessoas, mas a aplicação eficaz desse único modelo — neste caso, o capitalismo de mercado liberal. Para governar esse modelo único, basta ter conhecimento especializado e, portanto, as elites políticas recorrem cada vez mais a ele. Isso preparou o terreno para que o governo tecnocrático se tornasse cada vez mais legítimo, em oposição à autoridade das eleições democráticas e à representação da vontade dos eleitores. A tecnocracia neoliberal centrista tornou-se, em resumo, o modelo do momento.

Se há menos opções a escolher, devido à falta de qualquer contestação fundamental ou principiada da política, há menos necessidade de obter concordância ou mesmo consentimento — menos necessidade, em suma, de construir apoio político para uma escolha específica em detrimento de outra. Para que conquistar apoio se nossas escolhas são evidentes e incontestáveis? Amplie o mercado, proteja os direitos humanos. Além disso, as instituições construídas em torno de princípios de governo supostamente evidentes não requerem legitimidade política, pois não sofrem contestação política. O Fundo Monetário Internacional, a União Europeia, o Banco

Mundial ou o Conselho de Segurança das Nações Unidas — ou ainda, em última instância, a própria globalização — efetivamente nos dizem o que fazer.

2.1 O início do fim do fim...

A era da tecnocracia neoliberal começou a ruir em 2008 com o início da Crise Financeira Global, quando o sistema circulatório financeiro mundial começou a entrar em colapso em resposta ao desmoronamento do mercado de hipotecas subprime dos EUA.[6] Vastas somas foram gastas para garantir que a liquidez global pudesse ser preservada a fim de estabilizar a economia global, embora, no final, tenha sido o enorme esforço fiscal do Estado chinês que ajudou a tirar a economia global do buraco. Isso se deveu, em grande parte, ao fato de o Estado chinês ter preservado capacidades que outros Estados não tinham, com políticas industrial, monetária e fiscal concentradas nas mãos do governo de Pequim. Assim, foi possível conduzir uma recuperação coordenada. Se Pequim demonstrou sua eficácia e Washington já não tinha uma política industrial equivalente nem vontade de usar sua política fiscal — optando por resgatar as instituições financeiras de Wall Street em vez de socorrer a economia real — a União Europeia estava no extremo oposto do espectro do Estado chinês. A UE enfrentou não apenas a rigidez e a fragilidade de uma união monetária sem uma união fiscal, mas a política industrial também era um anátema para a UE em sua tentativa continental de construir um mercado integrado e contínuo de concorrência harmoniosa. O poder industrial estava esmagadoramente concentrado na Alemanha, em detrimento de outros países, principalmente a Itália. A política fiscal foi prejudicada pelas regras necessárias para coordenar uma moeda única a partir de tantas economias nacionais diferentes. Assim, enquanto os EUA e a China se recuperavam com razoável rapidez em termos de números nominais de crescimento econômico, a Europa permaneceu atolada na crise.

Como a dívida dos bancos insolventes foi absorvida pelos Estados, a crise se transformou em uma crise de dívida soberana.

A austeridade passou a ser a norma em nível estatal nos EUA e em nível nacional na UE. Tudo isso exacerbou os males sociais subjacentes que vinham se agravando há algum tempo — declínio no investimento público, infraestrutura em ruínas, vastas disparidades regionais entre áreas exurbanas e periurbanas ao redor dos núcleos urbanos dos centros financeiros globais, que estavam cada vez mais concentrados em cidadelas de riqueza e privilégio. A estagnação salarial, disfarçada por importações de produtos de linha branca e eletrônicos baratos do Leste Asiático e pelas políticas de crédito fácil, tornou-se cada vez mais evidente. Os preços dos imóveis que haviam impedido que os Millennials de classe média e média baixa com aspirações sociais ficassem fora dos bairros descolados dos centros urbanos continuaram a subir, sob o efeito das operações de flexibilização quantitativa dos bancos centrais, que inflacionaram os preços dos ativos, fortalecendo aqueles que já possuíam propriedades e investimentos. Todos esses fatores constituíam os fluxos que atravessavam a represa da tecnocracia neoliberal que acabaria se rompendo.

Não é surpresa, portanto, que as repercussões políticas mais dramáticas da crise tenham eclodido na Europa — por exemplo, o movimento das praças na Espanha e na Grécia, à medida que a crise do endividamento cobrava seu preço nas economias mais propensas a contrair dívidas na faixa sul da zona do euro. Formaram-se partidos de esquerda insurgentes que buscavam tirar proveito da energia popular das praças, finalmente chegando ao governo da Grécia em 2015, enquanto o partido Podemos se estabeleceu à esquerda dos social-democratas na Espanha. Na Grã-Bretanha, Jeremy Corbyn, um rebelde tradicional nas fileiras dos legisladores com pouco poder no Parlamento, inesperadamente desfez o domínio centrista do Partido Trabalhista para se tornar seu líder.

Do outro lado do Atlântico e no outro extremo do espectro político, Donald Trump lideraria outra insurgência dentro de seu próprio Partido Republicano, destruindo o predomínio neoliberal dos incumbentes, substituindo-o por sua própria marca de populismo — uma visão que chegou a receber o epíteto de "socialista" por parte de um dos rivais de Trump no Partido Republicano, Ted Cruz. Em suma, foi preciso quase uma década para que as estruturas da hegemonia centrista desmoronassem, já que os resultados políticos da crise de 2008 se tornaram visíveis na década seguinte. Embora muito diferentes em aspectos óbvios, que vão das perspectivas políticas ao comportamento pessoal, tanto Trump quanto Corbyn expressaram diferentes manifestações do desmoronamento da era neoliberal — diferentes manifestações do Fim do Fim da História. O comportamento modesto de Corbyn e sua longa história pessoal de rebelião à esquerda do partido lhe deram autenticidade e princípios, contrastando com o gerencialismo indiferente, insípido e elitista irradiado por Tony Blair e seus sucessores no cargo de Primeiro Ministro, Gordon Brown e David Cameron. A vulgaridade e insensibilidade de Trump eram calculadas, destinadas a sinalizar e confirmar seu status de *outsider*, apesar de sua riqueza pessoal, fazendo com que seus apelos demóticos e nacionalistas aos eleitores indecisos da região do chamado *rust-belt* [região caracterizada pelo declínio da indústria manufatureira] ficassem desiludidos com as promessas vazias de "mudança" do presidente Barack Obama. O Fim do Fim da História era visível ao longo de todo o espectro político.

Se o regime que havia se desenvolvido no pós-Guerra Fria, na era pós-histórica, se caracterizou pelo centrismo tecnocrático, pela hegemonia do mercado e pela globalização liberal, será que isso significaria que sua desintegração prenunciava uma nova fase de luta histórica? Será que veríamos uma competição política significativa na qual fosse possível atualizar as fórmulas fundamentais do governo coletivo? Seguindo a lógica do argumento do próprio Fukuyama, um "retorno" à História exigiria uma luta pelos princípios fundamentais da organização social. Se isso fosse visível, talvez pudéssemos dizer que a História havia recomeçado. Isso requer avaliar o caráter das lutas sociais e políticas que emergem do colapso dessa era. Faremos uma boa parte disso nos próximos capítulos. Mas antes devemos considerar que outras percepções, se houver, poderíamos extrair da dialética hegeliana para entender os processos (pós-)históricos.

Embora a ordem neoliberal anterior estivesse claramente em colapso, ainda não havia uma contestação fundamental dos princípios subjacentes da vida social, tanto por parte da esquerda quanto da direita. Trump foi amplamente acusado de ser um fascista belicista e muitos dos principais luminares — jornalistas, comentaristas políticos e historiadores proeminentes — esperavam que ele derrubasse as instituições da república dos EUA em sua própria ditadura pessoal e que adotasse um nacionalismo expansionista e racial de supremacia branca. Todavia, o que mais chama a atenção no mandato de Trump é a falta de qualquer conquista política significativa diferente da política dominante do Partido Republicano. A única exceção discutível aqui é que Trump (ainda) não lançou uma nova guerra — uma característica que o diferencia favoravelmente de seus antecessores. Apesar de toda a afeição da Alt-Right [direita alternativa] por Trump — tão amplamente visível nas redes sociais em 2016 — isso também se dissolveu no miasma da política convencional do Partido Republicano e no cultivo de uma base eleitoral muito maior por parte de Trump. Excetuando-se em parte os eleitores indecisos do *rust-belt*, as votações e os padrões de conflito político nos EUA prosseguiram, em sua maior parte, de acordo com a clivagem entre republicanos e democratas.

Na França, a variante do populismo yuppy do presidente Emmanuel Macron ocupa o centro liberal que havia sido o lar do Partido Socialista antes de sua desintegração. Na Grã-Bretanha, mesmo com todo o suposto radicalismo de Corbyn, ele não conseguiu expandi-lo a ponto de aceitar uma ruptura com Bruxelas ou oferecer apoio inequívoco à saída da Grã-Bretanha da UE — e isso apesar de seu histórico pessoal de euroceticismo. A predisposição de Corbyn em considerar a possibilidade de subverter o resultado do referendo de 2016 para a saída da UE abalou a coalizão eleitoral do Partido Trabalhista entre os eleitores da classe trabalhadora e média, sendo os primeiros mais favoráveis à saída da UE e os segundos, à permanência. De forma semelhante, na Grécia, o governo do Syriza, que inicialmente havia sido aclamado em todo o mundo como o primeiro governo radical a ser eleito para o cargo na Europa, perpetuou as políticas de austeridade e se recusou a retirar a Grécia da zona do euro — isso depois de ter liderado um referendo sobre os termos de outro resgate financeiro da UE.

O ponto desses exemplos — e há muitos outros que poderiam servir igualmente bem — é ilustrar que, embora os sistemas partidários, as ideologias e as personalidades pareçam ter mudado, houve pouca contestação das instituições, dos princípios ou das estruturas subjacentes. A implosão dos socialistas franceses — um partido cuja herança remonta a Jean Jaurès e à própria Segunda Internacional — foi a consumação de um longo processo de neoliberalização desse partido; ele se tornou supérfluo antes de ser eliminado por Macron.[7] De fato, talvez a mudança política mais dramática e duradoura a romper com os padrões anteriores seja representado pela perda sofrida pelo Partido Trabalhista Britânico em relação à base da classe trabalhadora do norte da Inglaterra. O fato de que alguns desses eleitores tenham sido captados pelo Partido Conservador britânico faz com que até mesmo essa ruptura eleitoral mais significativa se enquadre, em linhas gerais, em um padrão familiar da política britânica; em outras palavras, um revigorado One-Nation Toryism [Conservadorismo de Uma Nação], anterior à era de Margareth Thatcher, que combina o apoio dos conservadores da classe média e capitalista com o da classe trabalhadora.

Em outras palavras, apesar da desintegração de toda uma ordem política, o que a substitui não altera significativamente os padrões subjacentes da política. Na medida em que há mudanças significativas e visíveis — por exemplo, a fragmentação regional da economia global, o rompimento da interdependência econômica sino-americana, a desintegração das tão elogiadas cadeias de suprimentos *just in time* entre fronteiras — todos esses são processos espontâneos, impulsionados pelo excesso de alcance e pela fragilidade do capitalismo global. São mudanças que, embora aceleradas pela resposta dada a uma pandemia causada por um vírus, não são o início de uma nova ideologia nem de um novo programa político. O novo coronavírus não tem pauta, manifesto ou plano — a entropia que produziu expõe a fragilidade subjacente do capitalismo neoliberal, e o impressionante grau de fracasso do Estado, visível nas respostas de tantos governos à pandemia, indica o descontrole, não o domínio, do processo histórico. A profunda falta de capacidade das principais nações industrializadas de responder eficazmente à covid-19 — com setores industriais esvaziados, ausência de políticas industriais, desigualdades profundas, mercados de trabalho flexíveis colapsando como dominós — exemplificou o fato de que as precipitadas mudanças provocadas pelas respostas ao vírus não indicavam nenhuma tentativa dos atores políticos de moldar ou controlar a direção dos eventos.

Assim, se está claro que o Fim da História terminou, é igualmente evidente que a História não recomeçou; o que estamos testemunhando é mais fragmentação, desintegração e distanciamento. A visão do próprio Fukuyama não levou em conta o fato de que a ordem que ele descreveu poderia desmoronar. Enquanto isso, nenhum de seus vários esforços para modular ou reestruturar sua tese — para incorporar novos populismos e novas formas de política de identidade — convence plenamente. Também sabemos que já passamos por isso antes. Este não é o primeiro fim do Fim da História.

2.2 Mortes anunciadas

Já na sequência dos ataques terroristas da Al Qaeda ao Pentágono e a Nova York em 2001, o neoconservador norte-americano Fareed Zakaria proclamou o Fim do Fim da História, referindo-se ao fim da suposta facilidade e conforto da era pós-Guerra Fria, garantidos pela prosperidade do crescimento global.[8] Zakaria acreditava que essa era, por necessidade, daria lugar a uma restrição das liberdades democráticas e a uma nova batalha nas sombras que dependeria de operações secretas e forças indiretas, muito semelhante à própria Guerra Fria. O neoconservador Robert Kagan e o teórico estratégico Azar Gat viam o retorno da história no crescimento da rivalidade geopolítica entre o Ocidente, de um lado, e a Rússia e a China, de outro.[9]

De fato, até mesmo no auge da Guerra Fria, houve quem pensasse que a história havia sido transcendida. Os anos após a Segunda Guerra Mundial e antes da turbulência da década de 1960 foram melancolicamente anunciados como o "fim da ideologia" por pessoas como Daniel Bell e outros — com padrões de vida em ascensão, economias mistas estáveis e convergência entre as nações industrializadas em torno de grandes Estados com burocracias poderosas independentes de compromissos ideológicos nominais.[10] O discurso secreto do premiê soviético Nikita Khrushchev em 1956, no qual denunciou seu antecessor Josef Stalin, não só parecia justificar o capitalismo liberal ocidental, mas também oferecer a perspectiva de liberalização, reforma e democratização no bloco soviético, bem como uma *détente* na Guerra Fria. Como vimos, o próprio Fukuyama foi inspirado por Kojève, que considerava o domínio compartilhado entre as superpotências globais e a própria integração europeia do pós-guerra como o Fim da História.

Talvez, no entanto, o fim do nosso regime de Fim da História do início do século XXI seja mais abrangente do que o encerramento do Fim da História dos anos 1950 de Kojève, ou da versão de 2001, principalmente porque o *ancien régime* do liberalismo globalista está sendo corroído dentro do próprio mundo Ocidental (e não por meio do confronto com milícias islâmicas desorganizadas em regiões remotas e periféricas do mundo). Dadas as variedades de histórias e fins de histórias embutidas nessas visões conflitantes, vale a pena revisitar brevemente a ideia original de História desenvolvida pelo próprio Hegel.

Se examinarmos um pouco mais de perto a própria visão de Hegel, as coisas parecem mais complicadas.[11] Hegel, progenitor da tese original, obviamente nunca afirmou que a história havia terminado em 1815 ou que os relógios haviam parado, assim como Fukuyama também não o fez em 1989. A noção do Fim da História foi incorporada à estrutura de todo o sistema filosófico de Hegel, que foi explicitamente historicizado, ou seja, suas noções e conceitos foram formulados em termos históricos de desenvolvimento e mudança, com a implicação de que suas próprias percepções eram necessariamente o ápice de um longo processo histórico anterior. Convém nos determos um pouco no contexto e na lógica do pensamento de Hegel. Ao contrário do cientista político americano Fukuyama, as visões de Hegel foram inspiradas pela derrota, não pela vitória — e por uma dupla derrota, pois a primeira foi a dissolução do Sacro Império Romano-

Germânico por Napoleão em 1804, seguida pela derrota e queda definitiva do próprio Napoleão em 1815. A anexação e o domínio por Napoleão dos Estados germânicos que antes constituíam o Império, no entanto, não entristeceram Hegel, apesar de ele ser alemão. Aliás, ele ficou impressionado ao ver Napoleão montado em seu cavalo em uma missão de reconhecimento quando a própria cidade de Hegel, Jena, foi ocupada pelas tropas francesas, ocasionando uma disrupção dramática em sua vida pessoal e carreira.

O motivo pelo qual Hegel apoiou Napoleão foi que ele o viu como um universalizador dos benefícios de uma nação secular e constitucionalmente ordenada e da independência política por toda a Europa. Hegel acolheu esses desenvolvimentos, mesmo que viessem às custas da dominação francesa sobre o território germânico. Hegel apostava em um princípio mais elevado do que a posição relativa do mundo germânico em relação à França. Em um nível mais profundo, além da humilhação e da subordinação passageira dos Estados germânicos nas mãos de Napoleão, o projeto de Hegel era resgatar as conquistas históricas da Revolução Francesa — não apenas na reorganização dos Estados germânicos empreendida por Napoleão, mas também além do próprio acordo pós-napoleônico, estabelecido no Congresso de Viena em 1815 após a derrota e a queda final de Napoleão. Os frutos desse esforço foram o esquema filosófico do estado constitucional apresentado em *Filosofia do Direito*, no qual as conquistas da liberdade individual eram incorporadas às instituições sociais e políticas. Talvez tenha havido ainda uma terceira e mais importante derrota para a visão histórica de Hegel e que significou mais para ele próprio. Na véspera de sua morte, no ano da peste de 1831, ele ficou perturbado com as notícias que vinham de Paris sobre outra revolução que derrubou o monarca Bourbon legitimista Carlos X — um acontecimento que sugeria que havia uma turbulência mais profunda dentro do mundo pós-napoleônico do que Hegel havia antecipado.

É significativo o fato de Hegel estar pensando nas consequências da derrota e do desfiguramento da Revolução Francesa, e não em uma vitória imperial como Fukuyama estava pensando. A visão de Hegel sobre o Fim da História não estava, de fato, ligada a nenhuma forma específica de assentamento pós-napoleônico na Europa — na verdade, não estava atrelada ao projeto ou ao funcionamento de nenhuma estrutura ou ordem política específica. Sabemos disso porque Hegel olhava com otimismo para o outro lado do oceano, para as Américas que abriam novas perspectivas para a humanidade e que, em comparação, faziam a Europa parecer um "depósito de velharias". A afirmação de Hegel sobre o Fim da História não se baseava na durabilidade e na estabilidade do período pós-napoleônico, mas sim no caráter irreversível de certos desenvolvimentos históricos em relação ao nosso autoentendimento coletivo. O mais importante deles foi a universalidade da *liberdade* no mundo moderno que havia sido desencadeada pela Revolução Francesa. Na visão de Hegel, o ganho histórico específico da Revolução Francesa foi revelar o caráter universal da liberdade humana, ou seja, a afirmação de que a liberdade é, de fato, parte do ser humano. Desse modo, a liberdade não era apenas uma proposição filosófica abstrata, mas uma proposição política que poderia ser efetivada em instituições concretas. Esse era o significado original de Hegel para o Fim da História — que o que quer que seguisse a Revolução Francesa teria de se basear nas reivindicações universais da liberdade humana. Isso, por sua vez, significava que nenhuma ordem social ou política poderia ser totalmente estável. A importância dessa percepção é que a liberdade não pode ser limitada ou anexada a um regime ou ordem específicos, pois é precisamente a expansividade e a inquietação da liberdade humana que excedem qualquer conjunto específico de instituições políticas e sociais.

É isso que explica como pode haver uma finalidade para o processo histórico — depois da Revolução Francesa, o caráter irreversível e simultaneamente contraditório da liberdade humana serve como um ponto de apoio para a história. As revoluções franco-americanas dos séculos XVIII e XIX determinaram que as ordens políticas bem-sucedidas, subsequentemente e necessariamente, teriam que ser construídas com base em reivindicações universais que buscassem incorporar as demandas da liberdade humana. Ao mesmo tempo, também haverá fins-do-fim-da-história recorrentes. Sabemos que qualquer regime da era moderna que não incorpore a liberdade humana em sua vida coletiva será limitado e parcial; da mesma forma, sabemos que a liberdade humana não pode ser exaurida por nenhum conjunto específico de instituições e estruturas. O fato de que o Fim da História se repetiria — e que o Fim do Fim da História também se repetiria — é perfeitamente coerente com a ideia do próprio Hegel de que a liberdade necessariamente ultrapassaria os limites de qualquer ordem política concreta. Até que ponto essa insatisfação com qualquer regime específico poderá se converter em uma compreensão e manipulação consciente do processo histórico é uma questão à parte. A verdadeira percepção de Hegel é que nenhuma ordem fundada com base na liberdade humana poderá ser ossificada; todos os fins da história terminam e todas as ordens políticas modernas acabam sendo refeitas.

É essa compreensão que ajuda a explicar o caráter limitado das tentativas da esquerda populista de romper o impasse do nosso mais recente fim do fim da história. Ao não conseguir reverter o neoliberalismo, o populismo de esquerda foi incapaz de expandir o significado daquilo que era politicamente possível — os populistas de esquerda não conseguiram promover uma ampliação do controle político das pessoas sobre suas próprias vidas e sociedades por não terem reconhecido e aproveitado a capacidade de ação de seus próprios cidadãos.

Sendo assim, o Fim da História e o Fim do Fim da História não deveriam ser uma surpresa, ou pelo menos não deveriam ser uma surpresa para aqueles que entendem os conceitos originais da teoria. Da mesma forma, o fato de uma determinada ordem política corroer-se internamente também não garante que tenhamos reiniciado a contestação dos princípios organizadores fundamentais da vida coletiva. Pois, se há algo que se depreende de Hegel, é que isso requer não apenas uma visão abrangente da emancipação universal, mas também a disposição política de substituí-la pelo status quo. E isso implica a disposição de tolerar a inevitável disrupção que se segue, à medida que as estruturas e instituições do *ancien régime* são desmanteladas.

Capítulo 3

O Perigo da Democracia: Da Pós-política à Antipolítica

Sob os arranjos políticos da democracia neoliberal, tida como modelo para o mundo, a mudança deveria ter sido constante. De fato, a "mudança" era um importante componente da ideologia oficial da época. A tolerância à disrupção do status quo deveria estar incorporada. Afinal, o liberalismo sustenta que indivíduos autônomos são livres para buscar seus objetivos, limitados apenas na medida em que esses objetivos impedem a autonomia dos demais. Os governos, em uma democracia, são responsáveis perante os interesses e desejos dos cidadãos. A sociedade, portanto, é dinâmica; a política deveria responder naturalmente, com mecanismos representativos trabalhando para canalizar as demandas sociais de baixo para cima.

Essa é a história oficial. Na prática, durante o período do Fim da História, a mudança política foi impedida de entrar de fato na pauta. Mas esse meio "pós-político" de evitar contestação não poderia durar muito, reprimindo apenas temporariamente as paixões populares enquanto o consumo alimentado por dívidas aplacava as ansiedades. Quando esses meios se esgotaram, os detentores da ordem liberal-democrática foram obrigados a encarar um pesadelo. Nas décadas de 1990 e 2000, a rejeição às instituições políticas — a *antipolítica* — era esporádica; em meados da década de 2010, essa força passou a eclipsar a pós-política reinante. As elites a chamaram de "populismo" — "o maior perigo para o Ocidente contemporâneo".[1] É o filho ilegítimo e rejeitado da ordem política atual. Para alguns, trata-se até mesmo de uma ameaça à própria ordem. E é uma ameaça tão grande e generalizada, tão abrangente, que os males denominados "populismo" ultrapassam em número todas as outras forças.

3.1 Somos todos populistas hoje

O populismo histórico — etimologicamente ligado a "povo" e, portanto, a "popular" — incluía tudo, dos criadores no século XIX — o Partido do Povo nos EUA e os Narodinks na Rússia — ao poujadismo na França, o nasserismo no Egito e o peronismo na Argentina. Mais recentemente, acrescentou nomes como os de Silvio Berlusconi, Hugo Chávez, Geert Wilders, o movimento Occupy e até mesmo Viktor Orban. É tentador concluir que o objetivo do "populismo" é tão vago que diz mais sobre aqueles que o utilizam do que sobre aqueles aos quais se refere.

E a que propósito isso serve? O "populismo" funciona para ligar movimentos díspares de esquerda e direita, para reformular toda e qualquer força política que proponha uma alternativa nacional à globalização e à era do "não há alternativa" como sendo dois lados da mesma moeda. Os chamados populistas, aos olhos dos administradores responsáveis pela ordem liberal, também são autoritários. Em uma extensão dessa ideia, a identificação de "populista" com "popular" parece sugerir que o populismo não é apenas a criação de empresários políticos inescrupulosos, mas um desdobramento do desejo inato do povo pelo despotismo,[2] as fúrias irracionais da turba.

De acordo com essa descrição, os populistas seriam neutralizados por um "centro" antipopulista sensato, baseado em fatos, e liberal, que se manteria firme contra a maré. A crise da covid-19 evidenciou essa dimensão, pois a emergência sanitária fez com que diretores médicos ocupassem o centro do palco, para alívio dos antipopulistas. Anunciavam-se lockdowns baseados em evidências, enquanto figuras "populistas" como o presidente brasileiro Jair Bolsonaro ou o presidente dos Estados Unidos Donald Trump eram repreendidos por irracionalmente minimizarem o assunto.[3]

A realidade, porém, é que o que conta como "centrismo" e o que é considerado "populismo" está nos olhos de quem vê. Além disso, foi o primeiro que preparou o terreno para o segundo. Para elucidar esse aparente paradoxo, devemos nos lembrar das histórias de duas figuras exemplares do centrismo: o ex-presidente dos EUA Bill Clinton e o ex-primeiro-ministro britânico Tony Blair. Ambos assumiram o poder depois de mais de uma década em que a Nova Direita neoliberal desmantelou os antigos arranjos social-democratas. Eles prometeram uma política mais inclusiva e moderna, desprovida de apegos ao passado. O ex-governador do Arkansas Bill Clinton ganhou a indicação do Partido Democrata em 1992, visando empurrar o partido para o centro político (ou seja, para a direita). Ele adotou o termo "centro vital" para caracterizar sua política. Isso lhe rendeu críticas por parte de Arthur Schlesinger, de certa forma o historiador oficial do liberalismo americano, que havia cunhado o termo em 1949. Schlesinger concebera o centro vital como um meio de descrever a própria democracia liberal, em contraste com o socialismo e o fascismo. Clinton, em sua distorção do termo, estava afirmando que o centro era uma combinação estreita de políticas neoliberais. Ao fazer isso, posicionava o centro "mais próximo de Ronald Reagan do que de Franklin D. Roosevelt", como alegou Schlesinger.[4] Porém, mais do que apenas deslocar o centro em direção à direita, Clinton estava estreitando os limites daquilo que seria politicamente aceitável, além dos quais tudo seria "extremo". Ao fazer isso, ele bloqueava a contestação política.

Era o retorno da "teoria da ferradura", um conceito idealizado durante a Guerra Fria para retratar o fascismo e o comunismo como idênticos. A ideia era que quanto mais você se afastava do centro político, mais os extremos se assemelhavam um ao outro. Ambos os extremos eram "totalitários"; Stalin e Hitler andavam de mãos dadas. Mas, na versão de Clinton, os pontos haviam se estreitado tanto que poderiam ser melhor encarados como uma teoria do grampo de cabelo. O único terreno político legítimo era uma estreita faixa de grama. Até mesmo a social-democracia era agora um lamaçal, assim como o conservadorismo tradicional, com seu racismo e sexismo ultrapassados.

Nosso segundo exemplo é Tony Blair. No período que antecedeu as eleições gerais de 2019 no Reino Unido, o ex-primeiro-ministro classificou as propostas trabalhistas e conservadoras de aumento dos gastos públicos, bem como sua resistência em reverter o Brexit, como "populismo desenfreado": "Em todo o mundo, quando líderes políticos se reúnem, costuma haver uma conversa sobre qual política é mais insana... Entendo que hoje a competição está acirrada. Mas ainda acredito que a política britânica está, infelizmente, à frente do grupo".[5] Por conseguinte, Blair imaginava (erroneamente) que a maioria dos cidadãos britânicos tinha um "desejo quase febril de acabar com a bagunça, de acordar do pesadelo". O pesadelo — o fim do Fim da História — exigia um salvador liberal e antipopulista. Alguns acadêmicos tentaram dar ao populismo uma definição mais concreta, além das fantasias sombrias de homens do passado como Tony Blair — certamente o verdadeiro "deixado para trás". Cas Mudde, um dos estudiosos mais citados sobre a questão, vê o populismo como uma ideologia que retrata a sociedade como dividida em dois grupos homogêneos e antagonistas, o povo puro versus a elite corrupta. A política, portanto, deveria ser uma expressão da "vontade geral", permitindo pouco espaço para o pluralismo.[6] Por outro lado, quando não se trata de uma ideologia totalmente formada, é pelo menos um estilo discursivo: "[a] política para pessoas comuns feita por líderes incomuns que constroem perfis comuns", como foi brevemente colocado.[7] Para Mudde, os populistas são, em última análise, mais moralistas do que programáticos.

Aqui, porém, deparamo-nos com uma complicação. Essa definição, hoje padrão, gera apenas confusão. Tony Blair, quando estava na oposição, protestava contra a "sujeira dos conservadores". Ao assumir o cargo em 1997, ele prometeu ser "mais puro do que os puros", ao contrário do corrupto *establishment* conservador. Ele projetou uma imagem muito personalista de juventude, modernidade e ética. "Agora nós estamos a serviço", declarou ele, prometendo "restaurar a confiança na política". Veja o que é apresentado aqui: um registro moralista, uma elite corrupta, uma política personalista com líderes que se apresentam como comuns... toda a gama populista. Ou veja o exemplo do outro centrista chave, Bill Clinton, que, em seu jeito simpático de tocar saxofone e na emotividade do "eu sinto a sua dor", apoiou-se fortemente no conceito de "coração da América", chegando a cunhar a expressão "cidadãos do coração do país".

Até mesmo esses expoentes e arquitetos da Terceira Via, da tecnocracia neoliberal e do "além da esquerda e da direita" poderiam ser rotulados como populistas. É por essa razão que o populismo contemporâneo deve ser entendido como filho da ordem política atual. O populismo nasceu com o Fim da História e, no Fim do Fim da História, veio para destronar a pós-política.

Os antipopulistas, entretanto, são definidos apenas por seu próprio caráter defensivo. Eles reclamam das ameaças ao liberalismo, à democracia ou à democracia liberal, ignorando as inúmeras maneiras pelas quais eles próprios minaram a política democrática. Os antipopulistas classificam como "populista" — e, portanto, irresponsável — tudo aquilo que tem apelo popular. A culpa por esse estado de coisas recai sobre os políticos inescrupulosos que acham que não há problema em atender às demandas irresponsáveis do povo, em vez de seguir as orientações de especialistas. O próprio ato de ser popular parece estar sendo questionado. Essa é a lógica dos perdedores, o ponto de vista daqueles que foram abandonados pela história.

3.2 O "cara normal"

Mas quais são as "exigências" das pessoas hoje? As demandas feitas aos políticos parecem, acima de tudo, expressar desconfiança — dos próprios políticos e das instituições políticas. Pesquisas que examinam as atitudes dos cidadãos em relação à política e aos políticos ao longo do tempo têm se deparado com teorias populares contrastantes em relação a como deveria ser o "bom político", desde meados do século XX até o início do século XXI.[8] Embora haja um desejo perene por políticos confiáveis, fortes, capazes e inspiradores, a novidade está na ênfase em políticos "normais" e "antenados". A distância entre a política e o povo, o Estado e a sociedade tem crescido a tal ponto que os políticos pertencem a uma classe à parte, diferente em hábitos, comportamento e aparência, cujas preocupações estão longe daquelas dos cidadãos comuns.[9]

Os autores do estudo citado anteriormente atribuem essa mudança a três fatores: a profissionalização da política, no sentido de que os políticos parecem formar uma classe separada e homogênea; a ideologia da intimidade, que leva os cidadãos a esperar cordialidade e autenticidade nas interações com os políticos; e o igualitarismo democrático, que tem encorajado as pessoas a identificarem o "comum" com o certo ou o bom. Esses argumentos pareceriam refletir o que o crítico social Christopher Lasch afirmou em relação à cultura do narcisismo, em que o emocionalismo domina a vida pública. Para Lasch, a democracia "passou a servir simplesmente como uma descrição do estado terapêutico. Quando falamos de democracia hoje, nos referimos, na maioria das vezes, à democratização da 'autoestima'. As palavras de ordem atuais — diversidade, compaixão, empoderamento, direito — expressam a esperança de que as profundas divisões da sociedade americana possam ser superadas pela boa vontade e pelo discurso higienizado".[10]

Portanto, a hostilidade de hoje em relação à política tem como premissa mudanças significativas em nossas concepções de público e privado. Os políticos se vangloriam de seus atributos pessoais e procuram se apresentar como homens comuns; enquanto isso, esperamos que a política se preocupe com nossos sentimentos. Ao longo das décadas de 1990 e 2000, os políticos fizeram um jogo duplo: por um lado, venderam-se como gestores técnicos competentes e, por outro, tentaram ganhar a confiança dos cidadãos apelando aos valores cotidianos. A declaração de Bill Clinton de "sentir sua dor" é um exemplo óbvio, mas o verdadeiro mestre dessa arte foi Silvio Berlusconi, que ostentava seus desejos e preconceitos cotidianos em um esforço por estabelecer vínculos — algo que fez com certo sucesso (veja o Capítulo 6). Essa é a "política do estilo de vida", na qual as fronteiras entre a política formal e a vida cotidiana são rompidas. A política se torna um espetáculo, no qual o palácio do governo e a casa do Big Brother se assemelham; ambos são palcos.

Hoje em dia, o blairismo e o clintonismo foram rejeitados por completo; o charme de Berlusconi também se esgotou. Esses políticos são denunciados como farsantes, porta-estandartes da detestada política de máquina e da prioridade da imagem sobre o conteúdo. O mesmo tipo de política de estilo de vida não vende mais, pois a desconfiança em relação à política atingiu novos patamares. A distância entre a política e as pessoas não pode mais ser suavizada por um "cara com quem você gostaria de tomar uma cerveja" (como George W. Bush era notoriamente apresentado). Mesmo Donald Trump, embora ainda se valha da política de estilo de vida, não teria tido êxito se não houvesse rejeitado com veemência o status quo político.

Portanto, o populismo é melhor entendido como um exemplo de *antipolítica*. Os populistas proclamam a falência das instituições — como quando Trump se referia a Washington DC como um pântano — e denunciam a grande mídia como tendenciosa, as eleições como fraudulentas e as pesquisas como não confiáveis. Eles dão voz a um segredo aberto: o imperador está nu, a credibilidade do *establishment* se desintegrou. Por não mais aceitarem a velha política do consenso, os populistas e a alienação popular à qual respondem são potencialmente politizadores. Como diz um relato jornalístico sobre a antipolítica, o populismo é "simultaneamente um movimento antipolítico e uma expressão do desejo pelo retorno da política propriamente dita".[11]

3.3 O dialeto e a dialética da antipolítica

Embora gere menos temor do que o populismo, a "antipolítica" causa cada vez mais consternação e confusão. A breve mas historicamente perdulária campanha presidencial do bilionário Michael Bloomberg em 2020, advertia o periódico britânico *The Spectator*, pode cair na armadilha da antipolítica; um dos membros da legião de colunistas centristas do também britânico *The Guardian*, Rafael Behr, insiste que "precisamos de políticos melhores, não de antipolítica"; e até mesmo o teórico literário marxista Terry Eagleton acusa o anarquismo de ser antipolítico. De fato, o semanário londrino *New Statesman* aponta que a antipolítica pregada pelo então deputado do

UKIP [Partido da Independência do Reino Unido] Robert Kilroy-Silk nos anos 2000 "está em toda parte" agora. Mas será que alguém que desafia o *establishment* conta como um antipolítico? Como uma jovem britânica atuante em organizações de base disse a um jornalista: "Todos esses especialistas dizem que as pessoas são 'antipolíticas' agora, mas o que estamos vendo [novos movimentos insurgentes] é a epítome da política".[12] Um quadro confuso, sem dúvida.

Já havia rumores de um crescente sentimento antipolítico antes, com referências pontuais encontradas na década de 2000, como quando o jornal dominical *The Sunday Tribune* caracterizou os protestos contra a globalização de 1º de maio de 2000 como "antipolítica votando com os pés". O irlandês *The Irish Independent* alertou, em 2008, que Silvio Berlusconi tanto se beneficiava da "antipolítica" quanto era ameaçado por ela. E em um programa da BBC Radio 4, um professor da Sciences Po [Instituto de Estudos Políticos de Paris] observou que, como 63% dos franceses haviam abandonado as noções de esquerda e direita, haviam "politizado a antipolítica".[13] As sementes já estavam sendo cultivadas.

Contudo, antes da Crise Financeira Global de 2008, a principal preocupação da classe política em sua relação com os cidadãos era a apatia dos eleitores. *Como fazer com que os cidadãos se importem?* Agora, no entanto, os cidadãos estão irritados e indisciplinados; a autoridade da classe política evaporou-se completamente. E isso é global: em muitos lugares, a legitimidade da própria política está sendo questionada, do Brexit aos Gilets Jaunes [Coletes Amarelos], do Brasil à Bulgária.

O desafio vem "de fora"; a classe política — ou o *establishment*, a oligarquia, a elite política, *la casta* na Espanha ou na Itália — está "dentro" do sistema. Os empreendedores políticos tentam mobilizar a raiva contra os que estão do lado de dentro. Mas quando esses *outsiders* populistas desafiam a classe política, a resposta padrão da esquerda é apontar que eles não são verdadeiros *outsiders*, que não desafiam os interesses *econômicos*. É verdade; mas precisamos entender por que as elites *políticas* acabaram sendo, na maioria das vezes, alvos da ira popular e por que os únicos grandes avanços políticos da última década tendem a vir dos "populistas" — ou seja, daqueles que são ou se apresentam como *outsiders* — e não da esquerda tradicional, que (ostensivamente) representa uma relação econômica, os "de baixo" contra os "de cima".

De fato, o populismo parece turvar as distinções de esquerda e direita; muitos políticos populistas são figuras ideologicamente ambivalentes. Nesse aspecto, os populistas insurgentes são imagens espelhadas dos gerencialistas em exercício, que também rejeitaram a ideologia. O governo destes durante as últimas 3 décadas conseguiu despolitizar a economia. Com a naturalização da economia, a política formal "esquerda versus direita" perdeu seu significado ou se transformou em uma guerra cultural em vez de uma luta pelo poder. Agora, em nossa era antipolítica, o antagonismo político volta à cena em uma nova forma: "*outsiders* versus *insiders*". Mas há uma armadilha: a desconfiança generalizada em relação aos líderes políticos afeta não apenas os políticos do *establishment*, mas também pode corroer a autoridade de qualquer movimento — inclusive a confiança das pessoas em sua própria capacidade de tomar o poder.

A política, em sua essência, é divisão, uma disrupção da maneira normal de fazer as coisas, a presunção fundamental de igualdade, de modo que qualquer um poderia reivindicar autoridade política. Nesse sentido, a *antipolítica pode ser politizante.* Mas a política também é representação: a canalização de interesses, desejos e sonhos do povo na direção de agentes dotados da responsabilidade de converter essa vontade em ação. Essa responsabilidade, portanto, é uma questão de autoridade política: o uso legítimo da coerção, sem a qual qualquer militância por um futuro melhor não terá êxito. Assim, a *antipolítica pode ser despolitizante.* Se a autoridade política democrática não puder ser estabelecida, as formas antidemocráticas prevalecerão. Portanto, a menos que desejemos que a política não passe de um conjunto de medidas autoritárias exercidas sobre massas acovardadas, politizar o presente é a única maneira de abrir caminho para o futuro.

De acordo com o entendimento de que a antipolítica pode ser tanto politizante quanto despolitizante, é importante operar com uma definição de política que evite a identificação estreita com a "política formal" ou a manifestação específica da democracia liberal. Isso seria algo como ver a política como um impulso democrático, que pode aparecer em diferentes épocas e lugares. Ao usar esse tipo de definição, podemos também evitar um saudosismo — uma das principais falhas da maioria dos textos sobre despolitização — em que o período da Guerra Fria é tido como o modelo ideal a ser recriado.

3.4 Política de sufocamento no Fim da História

Para entender como o populismo expressa a antipolítica e, ao mesmo tempo, o desejo de politização, precisamos entender o que era a *pós-política*: uma estratégia de despolitização. A pós-política é uma forma de governo que tenta impedir a contestação política enfatizando o consenso, erradicando a ideologia e governando por meio da tecnocracia gerencialista. Em outras palavras, é a afirmação de que todas as questões importantes estão solucionadas, portanto, tudo o que resta para a discussão política são questões de implementação técnica. Durante o Fim da História, os políticos colocaram os cidadãos diante de um duplo dilema. À medida que o espectro ideológico se estreitava, as pessoas perdiam o interesse e se desengajavam cada vez mais. Ao perceberem a retirada do endosso e o enfraquecimento da legitimidade, os políticos passaram a mendigar aos cidadãos. A participação eleitoral era apresentada como um bem em si. "Vote ou morra", por exemplo, foi um slogan popular no período que antecedeu às eleições de 2004 nos Estados Unidos. Várias inovações técnicas foram propostas, como a redução da idade para votar, a devolução do poder regional e outros meios de incentivo à tomada de decisões participativas. Mas essa resposta se baseava em um erro. A despolitização não emana da consciência dos cidadãos; a origem da questão não é a "apatia do eleitor".

A despolitização é, de fato, uma estratégia política que ocorre nos níveis de instituições e processos. A prática de governar tornou-se isolada da pressão popular, sendo o exemplo clássico a independência concedida aos bancos centrais, que removeu a política monetária do âmbito da política. Assim, a definição das taxas de juros e, consequentemente, o equilíbrio entre as taxas de emprego, os preços e o crescimento econômico, ficam fora da contestação pública. As decisões sobre política monetária passam a ser decorrentes das avaliações dos banqueiros centrais — ou, mais especificamente, do que eles entendem ser do interesse da "economia", um código para "interesses comerciais". Ao fazer isso, os problemas coletivos são transformados em consequências naturais de uma ordem autorreguladora — o mercado. As contingências históricas se tornam necessárias — a globalização não é uma escolha, mas uma imposição objetiva, que exige respostas predeterminadas. E a soberania popular — o poder político nas mãos do povo — é trocada em favor da soberania do consumidor ou da liberdade individual limitada.[14] Em outras palavras, a possibilidade de exercer controle democrático sobre as instituições mais importantes é excluída.

Qualquer desafio a essa ordem é tratado como um retrocesso furioso, atribuído a descontentes motivados por desejos irracionais. Em última instância, são classificados como machistas, misóginos, homofóbicos ou racistas — crimes supremos contra a política pluralista e consensual — sejam eles verdadeiros ou não. O slogan do Brexit "take back control" [retomar o controle] foi desprezado como sendo um mero disfarce para a xenofobia, ignorando-se o déficit democrático ao qual respondia. Os partidários de Bernie Sanders foram ridicularizados como "bros" [apelido atribuído a uma parte de seus apoiadores masculinos], como se as políticas redistributivas defendidas pelo candidato só pudessem interessar a homens brancos jovens. Por meios caluniosos, qualquer demanda popular é tratada como ilegítima, e a política formal deixa de ser um caminho para a contestação política real.

Um conceito adjacente ao de "pós-política" é o que o cientista político Colin Crouch chama de "pós-democracia". Esta é uma sociedade que ainda mantém as instituições formais da democracia (partidos, eleições, parlamentos), mas na qual tais instituições estão se tornando cada vez mais vazias, despojadas de energia popular e inovação. Para ilustrar: em uma eleição após a outra, há partidos que tentam capturar o centro do campo — os "eleitores indecisos" da classe média — enquanto oferecem políticas quase idênticas; negam-se as divisões de classe e a tomada de decisões passa a ser da alçada das elites políticas em arenas menos ou não representativas (como o gabinete do executivo, as quangos [quase ONGs], o agora independente banco central etc.). O que emerge é um emaranhado cada vez maior entre os setores público e privado, com as elites econômicas cada vez mais capazes de influenciar as questões driblando os órgãos representativos. Para Crouch, a pós-democracia é uma situação na qual os políticos ainda precisam do consentimento dos cidadãos, obtido por meio de eleições, mas a posição do eleitor é a de um objeto manipulado, em vez de um sujeito consciente. A *pós*-democracia pode ser contrastada com os regimes *pré*-democráticos e aos *democráticos*. Nos arranjos pré-democráticos, as elites ostentavam seu privilégio de classe e exigiam o reconhecimento da subordinação das classes mais baixas. A democracia legítima permite que se desafie essas hierarquias reconhecidas. A pós-democracia é singular ao negar a própria existência da privatização e da subordinação.[15] "Agora somos todos classe média", como alardeou o ex-vice-primeiro-ministro de Tony Blair, John Prescott, em 1997.

As irrupções populistas por todo o Ocidente são, portanto, desafios a esse estado de coisas. São respostas enraivecidas pelo fato de não serem ouvidas. Um dos aspectos que marcam a transição do Fim da História para o Fim do Fim da História é a diferença nas respostas à despolitização. Enquanto nos anos 1990 e 2000 predominava uma disposição apática em relação à pós-política, os anos 2010 e 2020 são marcados por uma rejeição antipolítica furiosa da política.

A teoria política, em grande parte, não captou esse desenvolvimento, uma vez que está preocupada com questões internas à "política". Ela não tem o hábito de perceber a política de fora, como uma categoria. Mas o advento da pós-política e a resposta que ela provocou — a antipolítica — nos coloca algumas questões: O que é política e o que há de bom ou ruim nela? E, consequentemente, o que é antipolítica? E se a antipolítica é ruim, o que há de ruim nela? Em outras palavras, como podemos trilhar a linha tênue entre dois perigos? Em um deles, cometemos o erro de identificar a política *como tal* com a ordem política existente, o status quo, as concessões da democracia liberal; no outro, adotamos uma posição de rejeição, na qual os políticos, as eleições, os partidos — até mesmo a democracia em sua essência — são considerados uma farsa.

3.5 Se isso era a pós-política, o que é a política?

Uma maneira de sair desse nó górdio é reformular todas as filosofias políticas — as ideias sobre como a política deveria funcionar — como um impulso em direção ao fim da política.[16] Em vez de vincular a "política" ao exercício do poder ou a instituições específicas (parlamentos, eleições etc.), deveríamos vê-la como uma *dinâmica* que altera a maneira normal de se fazer as coisas. Mas isso apresenta um paradoxo: quando você atinge seus objetivos políticos, a política termina. Considere o liberalismo: de acordo com essa filosofia, o ideal é um processo ordenado pelo qual os interesses sociais plurais são representados em nível político. Todos concordam com as regras do jogo: ocorre uma alternância regular de poder, em conjunto com os freios e contrapesos institucionais essenciais que garantem uma ordem justa. Os indivíduos podem cuidar de suas vidas com a certeza de que a administração da sociedade está sendo realizada de forma pacífica e equitativa. Alcança-se a harmonia, logo, a política é eliminada.

Ou então, considere qualquer outra das principais tradições político-ideológicas — conservadorismo, socialismo ou fascismo. Um sonho conservador autêntico prevê a ação política submetida a uma autoridade maior, por exemplo, a Igreja, que determina o lugar adequado de cada grupo e estrato. A política é limitada à sua ação mínima necessária: a manutenção dessa ordem tradicional. O espaço para a política é quase inexistente. No pensamento socialista, a revolução derrubaria a ordem burguesa e seus grupos (classes) concorrentes. Se a política é o produto da escassez, da luta pela distribuição do produto social, então o fim da escassez sob o comunismo seria o fim da política como tal. Ou, finalmente, considere o acirramento da luta de classes no período entreguerras, um pico histórico de politização, que foi resolvido por meio da destruição do movimento operário utilizando meios extraparlamentares e paramilitares. A política do fascismo também visa ao fim da política.

Se pensarmos na política como uma dinâmica, como a reviravolta de hierarquias, então muito daquilo que normalmente recebe o nome de "política" — o uso do poder, a prática do governo — é, na maioria das vezes, apenas o policiamento da ordem ou a administração de pessoas. Esse entendimento devolve à política seu vínculo com a politização, a interpelação ou a contestação das coisas. Para o filósofo Slavoj Zizek, "política e democracia são sinônimos". Ele demonstra essa afirmação recorrendo ao exemplo da política antidemocrática, que "por definição é e sempre foi a despolitização, ou seja, a exigência incondicional de que 'as coisas voltem ao normal', com cada indivíduo fazendo seu trabalho específico".[17]

Entender essa identidade tem duas importantes consequências para nós na atualidade. Em primeiro lugar, ela arranca a "democracia" do formato específico que costuma assumir, a democracia liberal (ou seja, o que geralmente é defendido pelos proponentes do Fim da História — veja o Capítulo 2). A "democracia", de acordo com esse entendimento, é uma sociedade plácida, que não é mais movida pela paixão por honra política ou heroísmo; é um ambiente envolvente: o habitat natural do individualismo pós-moderno.[18] Em termos mais sombrios, a democracia liberal pós-moderna pode ser entendida de acordo com os termos propostos pelo já falecido teórico cultural Mark Fisher — o "realismo capitalista" — segundo os quais a sociedade é dominada por um clima depressivo, animado apenas por momentos fugazes e consumistas de hedonismo. Esse não é o nosso entendimento de democracia. A democracia é uma arma, não uma condição estática. Além disso, é a formação coletiva da vida social e política; ela emerge como *poder popular*.

Em segundo lugar, essa identidade da política e da democracia deve nos alertar para os perigos da antipolítica de esquerda. A democracia está fundamentada na presunção da igualdade de todos e de cada um. Quando isso coincide com a prática habitual da administração, cria-se a política, o que demonstra que a politização é o ponto de partida essencial para aqueles que buscam uma ordem igualitária. A política é o lar da esquerda, enquanto a repressão do entusiasmo político é o lar natural da direita. Isso faz sentido. Considere a trajetória histórica recente: o Fim da História teve início com a derrota global do socialismo. A ordem pós-política que se seguiu foi justificada por uma ideologia que fingia ser não-ideológica. Na verdade, era uma máscara para assegurar o domínio irrestrito pelo capital. Onde não há alternativa sistêmica, não há política. Portanto, quando a esquerda cai na lógica da antipolítica, ela assina sua sentença de morte.

3.6 Abandonar os sonhos de uma era dourada

O que, então, explica a sensação de que "antes, havia política; depois, no Fim da História, não havia mais"? Ao responder a essa pergunta, a maioria dos acadêmicos prefere a visão de que a era pós-guerra na Europa Ocidental representava a "política real". Mas isso seria restringir nossa concepção às formas parlamentares circunscritas daquele período. Afinal, vale a pena lembrar que a ordem institucional de então também buscava bloquear a política, para que ela não transbordasse, como aconteceu nas décadas de 1920 e 1930. Muitos consideravam o período pós-guerra como sendo despolitizado. De fato, a Nova Esquerda na década de 1960 se rebelou contra o que considerava uma sociedade entorpecida e totalmente administrada. Como já vimos, o crítico Daniel Bell escreveu *O Fim da Ideologia* em 1960, às vésperas do surgimento da Nova Esquerda. Assim como os fins da história anteriores que vimos no Capítulo 2, a morte da política também já havia sido anunciada antes.

No entanto, o que há de inédito no Fim da História liberal-democrática é sua instituição da *pós*-política, um fim para a política diferente do conservadorismo feudal pré-democrático ou do tédio social-democrata da era pós-guerra. É uma negação mais forte, por meio da qual a política não é meramente reprimida, mas *proscrita*. Outra maneira de dizer isso é que a política formal de partidos, eleições, parlamento e assim por diante dificilmente apresenta os traços do conflito social que ocorre na realidade (por mais parcial que esse conflito tenha se tornado). Qualquer desafio a esse estado de coisas era — e ainda é — tratado como pura irracionalidade.

Por que, então, a época do pós-guerra, dominada pela Guerra Fria, parece produzir política? A resposta pode ser encontrada na ameaça imposta à "política normal" por algo além: o movimento dos trabalhadores e a política socialista revolucionária no âmbito interno e a existência da União Soviética no âmbito externo. Essas forças incentivaram a manutenção de uma relativa "honestidade" por parte das burguesias nacionais, dando espaço ao jogo democrático (ao menos na Europa Ocidental). A existência real da luta de classes significava que o conflito político não poderia ser ignorado ou cognitivamente apagado. Em vez disso, a resposta das elites políticas nacionais foi que o conflito político deveria ocorrer dentro de limites reconhecidos.[19]

O encontro da ameaça de revolução, por um lado, com os Estados fundamentados no compromisso com os direitos da pessoa humana (liberdade, igualdade e fraternidade), por outro, criou a tensão necessária para o florescimento da democracia. Tratava-se, é claro, de uma democracia limitada, composta por regras estabelecidas e um número limitado de partidos reconhecidos. Mas a participação eleitoral e cívica era alta, havia partidos de massa, sindicatos que representavam os trabalhadores e meios de transmitir os interesses populares para o Estado. Crouch denomina essa trajetória histórica como a "parábola da democracia", que acompanhava a "parábola da política da classe trabalhadora": a democracia acompanhava o crescimento, a força, a organização e a autoafirmação da classe trabalhadora, e atingiu o auge "por volta da metade do século XX", quer antes ou depois da Segunda Guerra Mundial, dependendo do lugar.[20] O declínio da política da classe trabalhadora prenuncia o declínio da própria política.

Portanto, embora o período pós-guerra na Europa Ocidental e na América do Norte não tenha sido uma era dourada, *foi sim* um período mais democrático do que o atual. A derrota histórica do movimento dos trabalhadores e do socialismo acabou extinguindo a própria política. Daí a surpreendente melancolia de Fukuyama ao anunciar o fim da história.

3.7 Uma batida na porta

Uma demonstração impressionante da repressão da política em um momento em que ameaçava retornar foi o escândalo das *wildcat strikes* [greves espontâneas, sem aprovação do sindicato] que atingiram o setor de energia do Reino Unido no início de 2009 — um dos primeiros sinais do Fim do Fim da História. Os trabalhadores da Lindsey Oil Refinery [Refinaria de Petróleo Lindsey], em Lincolnshire, Inglaterra, na época pertencente à Total, ficaram indignados com o fato de uma construtora italiana ter contratado centenas de prestadores de serviços, em sua maioria italianos e portugueses, em detrimento dos trabalhadores locais. Um aumento de 47% no desemprego no distrito naquele ano — em uma região que já sofria com a desindustrialização de décadas anteriores — combinado com os efeitos gerais da Crise Financeira Global criou uma situação precária. Os cartazes nos piquetes proclamavam "British jobs for British workers" [empregos britânicos para trabalhadores britânicos] — uma resposta à Posted Workers Directive [Diretiva dos Trabalhadores Deslocados] da UE, em si mesma um meio de minar os direitos dos trabalhadores disfarçado de direito à livre circulação na Europa. A BBC retratava os grevistas como xenófobos e racistas, enquanto a mídia como um todo tendia a enquadrar os debates sobre as greves exclusivamente como "racistas: sim ou não?"

Isso ocorreu apesar de protestos de representantes sindicais de que se tratava de uma greve contra o comportamento de empresas estrangeiras, não de estrangeiros. De fato, houve muitos relatos de trabalhadores que repeliram as tentativas do British National Party [Partido Nacional Britânico], de extrema direita, de cooptar a greve.[21] Mesmo assim, o primeiro-ministro do New Labor, Gordon Brown, chamou as greves de "indefensáveis". A ironia é que o próprio Brown havia usado o antigo slogan do National Front [Frente Nacional] "empregos britânicos para os trabalhadores britânicos" apenas dois anos antes, em um importante discurso. Além disso, os governantes do New Labour nunca haviam tido escrúpulos em fingir "preocupações com a imigração" quando isso convinha às suas prioridades eleitorais — de fato, o governo mantinha controles rígidos em relação a imigrantes de fora da União Europeia. Brown se defendeu alegando que, quando usou a frase em 2007, ele "estava falando sobre dar às pessoas na Grã-Bretanha a qualificação necessária para que tenham a capacidade de conseguir empregos que, no momento, estão sendo oferecidos a pessoas do exterior..." Até mesmo um pigmeu político como o líder conservador da época, David Cameron, reconheceu a hipocrisia: "Por um lado, [Gordon Brown] fala a todos sobre a globalização e, por outro, pega emprestado esse slogan do BNP".[22]

A proscrição da política na pós-política pode ser vista aqui em toda a sua estagnação: as regras da globalização são imutáveis e funcionam para todos; se você fracassar, a culpa é sua — você deveria competir mais arduamente no mercado (adquirindo habilidades); as preocupações com os direitos dos trabalhadores são infundadas e serão ignoradas; qualquer expressão de discordância só pode ser produto de obscuros impulsos antediluvianos.

Durante as décadas de 1990 e 2000, eventos como esses eram esporádicos e efêmeros o suficiente para serem tratados de forma confiante pelas elites políticas. Mas à medida que a nova década foi se desenrolando, o *establishment* foi perdendo o controle. Em 2015, o até então insignificante deputado de esquerda Jeremy Corbyn tornou-se inesperadamente o líder do Partido Trabalhista britânico. Enquanto isso, nos EUA, a candidatura de Donald Trump ganhava força, para a incredulidade de quase todos os observadores. Sabemos o que aconteceu no ano seguinte nos dois países e as reações aos eventos por parte do *establishment* liberal (assunto do próximo capítulo). E o mesmo processo se repetia onde quer que a proscrição da política tivesse sido bem-sucedida e contra a qual as pessoas estavam se rebelando. Para aqueles cuja autoridade política e cultural tinha como premissa uma sociedade esvaziada de toda política e conflito social, tudo isso de repente deu a impressão de que a irracionalidade estava vencendo.

Entretanto, é preciso deixar claro que nem toda revolta contra o pós-político é digna de apoio. Muitas vezes, elas assumem formas xenófobas ou excludentes, ou sua antipolítica é um beco sem saída recursivo e autodestrutivo. Mas é importante entender por que a revolta assume as formas vistas na nossa era. Com os representantes tradicionais das classes trabalhadoras — os partidos social-democratas — totalmente comprometidos com a globalização neoliberal, há poucos caminhos "respeitáveis" para protestar contra a degradação econômica e cultural, e não há nenhuma liderança política que dê voz a esses sentimentos nas formas devidamente codificadas do discurso político. Na era pós-política, o ódio é suprimido ou invalidado, a ponto de até mesmo divergências simples serem diagnosticadas como patologias. As expressões de divergência explodem então em outros locais, geralmente nas redes sociais, de maneira crua e furiosa. E quanto mais elas são objeto de censura, maior é a tentação de cutucar as sensibilidades da elite.

Na medida em que os "populistas" aproveitam a oportunidade e adotam essas frustrações, dando voz a elas na arena da política formal, eles atuam como agentes de repolitização, inserindo no âmbito da administração a portas fechadas a ideia da igualdade de voz para todos. De fato, como vimos, eles são definidos essencialmente pelo fato de aproveitarem a oportunidade (em contraste com o *establishment* pós-político que tenta suprimir tal momento). O fato de muitos populistas, uma vez no governo, não melhorarem efetivamente a vida daqueles que pretendem representar não vem ao caso. A política foi reprimida, a dissidência contra a globalização e o governo tecnocrático foram julgados ilegítimos. A política então ressurge em formas perversas.

Por quê? É importante entender que o Estado, de acordo com as transformações ocorridas no período neoliberal, tem como tarefa apenas atender às necessidades do mercado global e administrar uma sociedade multicultural internamente, enfatizando a tolerância e a separação. Argumentar que as regras da globalização deveriam ser quebradas — por exemplo, para proteger os trabalhadores — é visto como um desejo infantil ou irresponsável por soluções "simples", em oposição à complexa tecnocracia da pós-política. A raiva e o ódio são *proibidos*. As reivindicações que vêm "de baixo" ou "de fora" só são permitidas se assumirem a forma de súplica humanitária: *somos vítimas, por favor, salvem-nos.* Portanto, shows para "salvar a África", campanhas para proteger as mulheres contra o assédio ou iniciativas para ajudar os refugiados são reconhecidos (mesmo que nenhuma ação substancial seja tomada). A autoafirmação, no entanto, recebe um rotundo "não". Como disse o sociólogo Wolfgang Streeck, "[n]ada polariza mais as sociedades capitalistas de hoje do que os debates sobre *a necessidade e a legitimidade* da política nacional". Em referência à maneira como os limites entre a luta de classes e a guerra cultural se tornaram tênues, Streeck também observa como "os interesses e as identidades se fundem e dão origem a uma hostilidade mútua de um tom como não se via desde o fim da Guerra Fria".[23] Consequentemente, aqueles que desejam que o Estado assuma um papel no desenvolvimento social, garantindo resultados mais equitativos, acabam se posicionando contra os guardiões da ordem pós-política; esse conflito é, então, enganosamente retratado como "nativistas versus cosmopolitas", com o objetivo de fazer com que os últimos pareçam zen e racionais, enquanto os primeiros são apresentados como descontentes irracionais.

É claro que as elites quebram reflexivamente todas essas regras quando são necessárias medidas urgentes para estabilizar o sistema. Os auxílios de trilhões de dólares em 2008 já pareciam extraordinários e criaram fraturas na estrutura pós-política. Uma década depois, as medidas adotadas para enfrentar a crise da covid-19, como o fechamento de fronteiras, a moradia para os sem-teto ou as garantias de renda mínima, demoliram-na completamente. A transformação do presidente francês Emmanuel Macron é ilustrativa das elites estabelecidas que quebram suas próprias regras sob a pressão da crise: primeiro, ele era a força dinâmica e modernizadora que iria reformar a França e salvar a UE, o liberalismo, a globalização; depois, no final de 2019, ele era um homem acovardado, debilitado por mais de um ano de intensos protestos sociais e greves; em meados de 2020, ele estava falando do "fim deste ciclo de globalização" por seu "enfraquecimento da democracia".[24]

No Fim do Fim da História, não se trata tanto do fato de que "a política está de volta" e sim que várias formas de antipolítica estão dando chutes na porta da pós-política. No momento, porém, são as elites que estão passando da gestão neoliberal para outra coisa. A tarefa de qualquer politização mais ampla ainda recai sobre as forças radicais.

3.8 Os contornos da antipolítica

O que é, então, essa "antipolítica" que vem tentando arrombar a porta? Descrições esparsas na literatura a descrevem como um clima popular de descontentamento, desconfiança e cinismo. Outros a concebem como uma estratégia de despolitização ou, em outro plano, como um sistema discursivo, melhor exemplificado na política blairista da "Terceira Via". Mas essas últimas descrições aproximam incorretamente a antipolítica da pós-política. Um amplo estudo, já citado[25], define a antipolítica como um sentimento negativo em relação às atividades da política formal (tolerar, fazer campanha, escutar, negociar e fazer concessões), bem como às suas principais instituições e atores (políticos, partidos, eleições, parlamentos, conselhos e governos). Os autores têm o cuidado de afirmar que a antipolítica é um pouco menos do que a negatividade em relação à própria democracia, porém mais do que a negatividade em relação a determinados atores ou instituições. Ao mesmo tempo, ela é mais ativa do que a apatia e, ao contrário, baseia-se na ignição das paixões pessoais.

Isso nos deixa na metade do caminho. De fato, a antipolítica deve ser vista como uma rejeição *ativa* da política, e não como um "abandono" passivo. Mas todas essas abordagens sofrem de uma identificação excessiva com os espaços e a arena da política formal como tal. Consequentemente, a antipolítica é vista como uma força negativa, algo que torna o governo mais difícil e conduz ao apoio dos populistas. O livro *Anti-Politics* de Eliane Glaser é um exemplo disso: é visivelmente motivado pela frustração com a forma como a antipolítica ou o populismo acabam vitimizando a esquerda. Embora, sem dúvida, isso aconteça, a abordagem parece uma reclamação automotivada sobre a perda de autoridade da esquerda liberal institucional. Uma definição de antipolítica não pode partir do desejo de defender as formas e os processos específicos da democracia liberal; isso acabaria classificando toda política radical como antipolítica também. A irrupção de movimentos sociais e protestos, de vanguardas revolucionárias, também cairia no balde do antipolítico. Em vez disso, a antipolítica exige uma definição mais adaptável, baseada em uma noção enérgica de politização como a essência da democracia.

Portanto, para expor nossa posição e definição: a política, em sua forma mais essencial, é a demanda pela reordenação dos status e a subversão das hierarquias. É uma demanda por igualdade; é inclusive a noção básica de contestação. O "fim da política" é uma tendência trans-histórica, pois onde quer que a política surja, há forças tentando moderá-la, fundamentá-la, destruí-la, transcendê-la ou proscrevê-la. Portanto, a política é uma raridade relativa. A *anti*política, então, surge de fato como uma preocupação visível e regular no Fim do Fim da História. A estratégia de despolitização conhecida como pós-política gera uma reação furiosa: as instituições da política formal passam a ser rejeitadas pelos cidadãos. No Fim do Fim da História, a antipolítica se torna a força predominante. A rejeição da velha política de consenso (pós-política) e de suas formas precisas, modos e representantes faz mais do que simplesmente expressar um humor negativo. Ela também tem como alvo a autoridade política e a própria representação; é assim que a *própria política* é rejeitada, sem mais.

A antipolítica pode vir de baixo para cima, como um desenvolvimento orgânico dentro das massas, ou de cima para baixo, a partir de representantes políticos existentes ou de novas contraelites (como veremos no Capítulo 5). A antipolítica, em sua oposição ao consenso gerencialista, parece politizar. Quando os populistas afirmam um antagonismo entre o povo e as elites e prometem "drenar o pântano", isso é uma politização elementar, pois estipula divisão em vez de consenso, ruptura em vez de continuidade. Entretanto, a antipolítica também tem como alvo a própria autoridade política, na própria possibilidade de representação. Essa incapacidade de conferir legitimidade a qualquer poder é verdadeiramente antipolítica e devastadora não somente para a democracia liberal, mas também para os movimentos democráticos radicais. Portanto, embora a antipolítica seja incipientemente politizadora, ela carrega, ao mesmo tempo, o perigo da eliminação de toda política, a do alto e a de baixo. Isso abre caminho para governos autoritários.

Capítulo 4

Síndrome do Colapso da Ordem Neoliberal

A ala liberal do *establishment* teve dificuldades para se adaptar ao Fim do Fim da História. Um período mais difícil, de fato, do que qualquer outro setor da sociedade. Os dois eventos que, acima de tudo, fizeram com que grande parte da classe dos comentaristas e especialistas perdesse totalmente o rumo foram o referendo de 2016 na Grã-Bretanha e a eleição de Donald Trump como presidente dos Estados Unidos.

A eleição de Trump foi simplesmente demais para grande parte do *establishment* liberal americano. A apresentadora da MSNBC, Rachel Maddow, talvez seja o exemplo mais claro de alguém que, em relação a Trump, "cannot even" [consegue se conformar], na gíria da internet da época. Dispensando a necessidade de provas, Maddow tem alegado consistentemente que Trump é um agente russo, sob o controle do presidente Vladimir Putin, que recebe briefings da imprensa russa e direciona ataques de mísseis americanos contra alvos escolhidos pelo próprio presidente russo.[1]

Maddow não é a única. Há um mal-estar mais profundo no meio jornalístico americano que afeta até mesmo os jornais tradicionais, *The Washington Post* e *The New York Times*. Diferentes setores do amplo centro político se uniram em defesa do *establishment* e contra a aparente aberração histórica apresentada pelo errático presidente republicano. Não importam todos os massacres, o apoio a ditadores e as práticas corruptas praticadas nas instituições americanas, e por meio delas, ao longo das décadas. O que os

EUA estavam enfrentando com Trump era realmente intolerável, antiliberal e antidemocrático. Essas reações ganharam a denominação de "Trump Derangement Syndrome" [Síndrome de Repulsa por Trump]. Mas o fenômeno é mais amplo e profundo do que apenas isso. No Reino Unido, os Remainers [eleitores da opção pela permanência na UE] — uma minoria barulhenta que se recusou a aceitar os resultados do referendo de 2016 — entraram em pânico com a possibilidade de o Reino Unido "deixar a Europa" (sugerindo que, de alguma forma, o país não pertenceria mais ao mesmo continente). Além disso, foi criada uma histeria em relação a uma iminente escassez de alimentos, sobre o fato de a Cambridge Analytica estar distorcendo as mentes ou sobre qualquer cenário catastrófico imaginável. Em vez de tentativas de boa-fé para entender as mudanças mais profundas na política que precipitaram a votação para deixar a UE, comentaristas, especialistas e políticos "respeitáveis" se engajaram em uma série de afirmações estranhas, que iam de apontar o dedo para a Rússia a culpar as redes sociais, revestindo-as de insultos ao eleitor comum. Verdade, equilíbrio, proporcionalidade — e até mesmo maturidade — foram descartados. O que realmente explicava o momento era... Harry Potter.[2] Mesmo vários anos mais tarde, a resposta liberal a esses eventos continua marcada por uma nostalgia melancólica pelo passado recente. Para um estrato social que assumiu o papel de guardião moral e intelectual da sociedade e, portanto, de crítico do poder, é notável ver o *establishment* liberal ansiar por um período perdido anterior a 2016 — um período que não está tão distante de hoje. Essa nostalgia é acompanhada de uma evasão de responsabilidade. O *establishment* liberal, em ascensão até muito recentemente, não estava disposto a reconhecer o papel desempenhado pela classe política na criação das condições atuais. Seus monstros — Trump ou o Brexit — pareciam surgir do nada.

Essas reações histéricas ao Fim do Fim da História são apenas a parte mais aguda do que seria melhor denominado como "Síndrome do Colapso da Ordem Neoliberal" (SCON): a incapacidade do *establishment* liberal de aceitar, explicar ou reagir às mudanças políticas.[3] Esse conjunto de sintomas é uma patologia fundamental da política contemporânea. Seu tom característico de histeria e catastrofismo é motivado por um terror diante do deslocamento de uma ordem antiga e um horror diante da perda iminente de status dos próprios liberais. Para os comentaristas em particular, sua posição privilegiada como "conhecedores da política" tem sido desafiada, causando grande consternação.

A SCON expôs a fraqueza fundamental da ideologia contemporânea dominante — o liberalismo pós-moderno — e sua incapacidade de explicar a política do presente ou de reconciliar qualquer uma de suas numerosas contradições.[4] O que acontece quando as reivindicações liberais de governar com base na expertise revelam resultados abaixo do ideal? De que maneira o desejo por harmonia social é atendido pelo aumento da desigualdade? Por que a ênfase na tolerância parece nunca se estender aos hábitos e comportamentos da classe trabalhadora?

Em termos de distribuição regional e sociológica da SCON, devemos observar primeiramente que essa síndrome não foi e não é um fenômeno universal. A ordem neoliberal está se rompendo em quase toda parte, mas as reações psicológicas catalogadas aqui só se manifestam em determinados lugares. Essa experiência foi vivenciada de forma mais aguda no Reino Unido e nos Estados Unidos, onde a hegemonia do liberalismo contemporâneo é mais forte e onde, ultimamente, tem sofrido os maiores desafios. A Alemanha, para fazer um contraste notável, tem se mantido mais ou menos inabalada por uma força como o ceticismo em relação à União Europeia. Isso é coerente com o fato de que ela foi poupada de alguns dos deslocamentos econômicos mais abruptos da última década, devido à sua posição hegemônica dentro da União. O *establishment* de lá é capaz de rir confortavelmente do Reino Unido por querer sair da UE, ou, nesse caso, dos americanos por serem reacionários armados.[5] Nos países em que a SCON se manifestou, ela atingiu as camadas mais altas da mídia, dos círculos empresariais, das artes, dos burocratas sindicais, das universidades, dos *think tanks* centristas ou esquerdistas, dos funcionários públicos e dos políticos da centro-esquerda à centro-direita. Todos eles reagiram com espasmos ao fechamento do Fim da História. A SCON não se limita apenas aos poderosos e influentes. Qualquer pessoa com alto capital cultural na órbita geral dos partidos de centro-esquerda — a saber, nos Estados Unidos, o Partido Democrata e no Reino Unido o Partido Trabalhista, os Verdes, os Liberais Democratas e o Partido Nacional Escocês — tem maior probabilidade de apresentar SCON. Embora as pessoas nesse setor da sociedade possam não se ver como os *verdadeiros* vencedores econômicos (ou seja, o 1% mais alto em termos de distribuição de renda), eles se beneficiaram de uma ordem na qual mantiveram, como mínimo, a autoridade cultural, quando não a riqueza.

Há um paradoxo aqui. Essa seção da sociedade presume que suas opiniões e predileções são senso comum, ao mesmo tempo em que se sente constantemente em conflito. Outra maneira de dizer isso é que, embora o "pacote liberal" (que combina elementos como cosmopolitismo, respeito à expertise, individualismo e ênfase na ética pessoal) seja culturalmente hegemônico, os liberais se recusam a reconhecer sua própria hegemonia. O liberal está sempre de costas para a parede. Mesmo que seus pontos de vista encontrem espaço nos jornais tradicionais, eles se sentem submersos em um tsunami de conteúdo de tabloides. Ostentam seu compromisso com a tolerância e a diversidade, mas resistem diante da expressão de opiniões não liberais de seus concidadãos. Ainda que frequentemente possam criticar o governo do dia — muitas vezes criticando-o "a partir da esquerda" — eles se sentem fundamentalmente à vontade e em casa no mundo contemporâneo; eles se saíram bem nos arranjos atuais. Além disso, suas identidades políticas são baseadas na ideia de serem "os mocinhos". Uma interpretação menos caridosa poderia até afirmar que o interesse deles pela política só existe na medida em que lhes permite se apresentarem como atores éticos. Tudo isso significa que os liberais hegemônicos podem ser críticos morais a partir de posições de relativo conforto, satisfeitos com o conhecimento de que o mundo nunca se moveria de verdade contra eles, nem mudaria consideravelmente.

Mas então aconteceu. Todavia, não se tratava de algo totalmente inesperado. A SCON de hoje pode ser comparada a seus precursores nos anos 2000 e no início dos anos 2010. De fato, em 2003, o especialista neoconservador Charles Krauthammer, defendendo o então presidente republicano dos ataques liberais, cunhou o termo "Bush Derangement Syndrome" [Síndrome da Repulsa por Bush] para se referir ao "início agudo de paranoia em pessoas normais reagindo às políticas, à presidência, ou melhor, à própria existência de [Presidente] George W. Bush".[6] Bush foi, é claro, redimido posteriormente aos olhos de um número surpreendente de liberais. Isso se deveu a uma combinação de nostalgia pelo estilo Bush de republicanismo, sua amizade com os justos Obamas e um apreço por sua sensibilidade artística recém-descoberta.[7]

Na Itália, durante toda a década de 2000, a esquerda moderada ficou horrorizada com Silvio Berlusconi e muitas vezes se apresentou como partidária da luta contra o "fascismo" de Berlusconi. O que torna a SCON diferente, no entanto, é que ela aflige uma seção muito mais ampla da sociedade. Ela pode ser encontrada tanto na centro-direita quanto na centro-esquerda; e também chega mais fundo, pois a classe média profissional se expandiu e se tornou mais politizada (veja o Capítulo 7).

A SCON, portanto, é a resposta paradigmática por parte do *establishment* liberal ao Fim do Fim da História. É bem possível que os leitores, principalmente os dos Estados Unidos ou do Reino Unido, tenham visto de perto os sintomas da SCON, quando amigos, familiares ou conhecidos apresentavam suas "opiniões polêmicas" sobre a história recente. É improvável que essas ideias sejam contagiosas (pelo menos não sem um contato prolongado com *The Guardian* ou *The New York Times*), mas corre-se o risco de adquirir sintomas secundários de aborrecimento, frustração e desânimo grave ao iniciar conversas com eles.

Para ajudar pessoas cujos entes queridos possam ter contraído a SCON, neste capítulo tentaremos apresentar uma anatomia mais sistemática dos nove sintomas[8], agrupados em três conjuntos — a incapacidade de *aceitar*, de *explicar* e de *reagir* às mudanças políticas. Na seção final do capítulo, oferecemos uma explicação sobre por que a SCON pode ter passado a representar uma parte central do "senso comum" do *establishment* liberal.[9]

4.1 A incapacidade de aceitar mudanças políticas

O primeiro sintoma da SCON é geralmente uma incredulidade básica: o mecanismo de negação. Ao contrário das fases do luto, no entanto, a negação não é seguida pela barganha ou a aceitação (mesmo que os membros do *establishment* liberal possam sentir raiva e/ou depressão por motivos relacionados à perda de influência e status político). O Brexit talvez seja o exemplo mais marcante. Tem havido uma insistência repetida de que o resultado do referendo de 2016 poderia simplesmente ser negado, por exemplo, argumentando-se que 52% é uma maioria insuficiente ou que o referendo nunca foi planejado para ser vinculante.

Talvez a vanguarda dessa tendência tenha sido o podcast britânico que se transformou em movimento, Remainiacs, que se apropriou da iconografia dos Ramones e adotou o grito de guerra "Ho hey, let's stay" [Oh ei, vamos ficar]. Diversos membros do parlamento, renomados juristas, jornalistas, estrelas de sitcoms, escritores e músicos independentes se uniram a eles para defender que algo fundamentalmente irracional aconteceu em 2016 e afirmar que a resposta correta deveria ser passar da diversão atônita para a raiva justa, a fim de subverter o resultado do referendo.

Tabela 4.1: Os sintomas da Síndrome do Colapso da Ordem Neoliberal (SCON)

Diagnóstico	Sintomas característicos
Incapacidade de *aceitar* mudanças políticas	• Incredulidade em relação a mudanças políticas ou negação delas • Recusa em aceitar responsabilidades quanto à criação das condições contemporâneas
Incapacidade de *explicar* mudanças políticas	• Modelo de causação política substituído por teorias cognitivas ou informacionais; por exemplo, redes sociais ou teorias de conspirações cuja origem é atribuída à Rússia. Falta de vontade de conferir arbítrio aos cidadãos/eleitores
Incapacidade de *reagir a* mudanças políticas	• Catastrofismo e histeria • Nostalgia de um passado muito recente • Complexo de perseguição das elites, hipersensibilidade a críticas • Infantilismo, expresso como criancice, imaturidade ou desejo de que a autoridade resolva os problemas rapidamente • Repreensão, discurso moralizante • Compulsão por repetição

Da mesma forma, a ascensão de Jeremy Corbyn à liderança do Partido Trabalhista britânico e o subsequente influxo de novos membros de esquerda foram tratados como incompreensíveis por grande parte dos comentaristas. Janan Ganesh, do *Financial Times* optou por uma explicação simples e clara sobre a ascensão de Corbyn, postando um tweet em agosto de 2016: "Você pode fazer uma análise de Corbyn e de seu 'movimento' (eu já fiz), mas a essência de tudo isso é que eles são tão grossos quanto esterco de porco".[10] Análises um pouco mais elaboradas têm rejeitado o corbynismo, tratando-o como um culto, comparando Corbyn (e Trump) à Família Manson (Hadley Freeman, colunista do *The Guardian*); descrevendo o Partido Trabalhista de Corbyn como um "grupo de protesto glorificado com enfeites de culto" (Tony Blair); ou diretamente rotulando o corbynismo como um "culto de veneração ao messias" (Bridget Prentice, ex-deputada trabalhista).[11] No fundo, há uma recusa em admitir que os acontecimentos políticos podem estar relacionados à perda de legitimidade de um conjunto de ideais (economia neoliberal, meritocracia, individualismo etc.) que esses comentaristas endossariam. A ideia de que uma visão alternativa poderia se mostrar popular, capaz de despertar paixões, não foi computada. Afinal de contas, a pós-política deveria ter extinguido todos os entusiasmos. Os laços afetivos na política só poderiam ser atávicos ou irracionais e, portanto, qualquer pessoa que prometesse uma mudança radical deveria, por definição, ser fundamentalmente problemática. Além disso, esses liberais haviam se contentado em desempenhar seus papéis de críticos morais "a partir da esquerda". Descobrir que haviam sido ultrapassados por esse lado fez com que seu senso de coordenadas políticas se desorientasse. Agora, de repente, eles eram "centristas" ou, melhor ainda, apenas "sensatos".

Ao contrário dos partidários do populismo, com sua adoração pelos líderes políticos, os especialistas liberais veem a si mesmos como estando acima das influências do carisma barato. No entanto, já vimos no último capítulo como o saxofone de Bill Clinton foi louvado, como ele se tornou, como disse Toni Morrison, "nosso primeiro presidente negro" (apesar, é claro, de suas políticas que resultaram no encarceramento em massa de cidadãos negros americanos).[12] Tony Blair tentou se igualar ao seu homólogo dos Estados

Unidos abraçando a "Cool Britannia" e convidando Noel Gallagher, da banda Oasis, para visitar Downing Street, enquanto as fotos de família de Barack Obama aqueciam os corações dos liberais. Mais recentemente, a política personalizada transformou o líder francês Emmanuel Macron em um galã e até levou alguns a identificarem um "efeito Justin Trudeau", tamanho o charme e a beleza do primeiro-ministro canadense.[13] A construção de líderes com base em atributos pessoais não é exclusividade dos populistas.

Essa hipocrisia faz parte de uma tentativa mais ampla das elites culturais e políticas de se excluírem da narrativa. O *establishment* liberal demonstra uma falta de vontade de assumir a responsabilidade pela criação das condições que levam as pessoas a ansiarem por um mundo no qual suas vozes possam ser ouvidas. Se Trump e o Brexit foram supostamente a revolta dos "deixados para trás", quem os deixou para trás? Quem estava no comando enquanto se permitia que antigas áreas industriais se tornassem decrépitas, enquanto a metrópole prosperava e o interior apodrecia? Até mesmo um sumo sacerdote do neoliberalismo, o economista e ex-secretário do Tesouro dos Estados Unidos Larry Summers, passou a alertar sobre a fragilidade e a dependência induzidas pelas cadeias de abastecimento globais, como se não tivesse sido ele quem orquestrou a transferência de produção para a China. Típico dessa atitude evasiva, ele agora entoa piamente que a globalização foi demais "para o benefício dos que estão em Davos e muito pouco para o benefício dos que estão em Detroit ou Dusseldorf".[14]

4.2 A incapacidade de explicar mudanças políticas

Em conjunto com a recusa em *aceitar* mudanças, a SCON quase sempre se manifesta como uma incapacidade de *explicar* mudanças políticas. Isso não é surpreendente, pois o *establishment* liberal tende a operar com um modelo de política em que a defesa pura e simples dos interesses sociais é um tabu. As políticas são formuladas na linguagem do consenso, das evidências científicas e da ética. Na medida em que a política envolve conflito, é como uma pantomima ou, pior ainda, uma tediosa peça sobre moralidade: nós, nobres salvadores; vocês, os *Voldemorts*.

Uma ilustração desse processo pelo qual a política é psicologicamente caracterizada como uma luta moral entre o bem e o mal é a surpreendente persistência de *The West Wing* — um modelo idealizado de "fazer política". Muitos liberais passaram a assistir à série (que deixou de ser exibida em 2006) em sites de streaming como um "cobertor de segurança" nos anos Trump, vendo o Presidente Jed Bartlett, economista laureado com o Prêmio Nobel representado por Martin Sheen, como o líder que eles querem, mas não podem ter. *The West Wing* representava o ideal de uma política com mais princípios e mais inteligente. Como disse *The Washington Post*: "Revisitar a série na Netflix significa revisitar a moderação, a cooperação, os princípios em vez do partidarismo".[15] Ter um programa de TV reconfortante como terapia para a presidência de Trump fala desse anseio por líderes moralmente íntegros, por pessoas com os mais altos princípios para tomar as melhores decisões pelos melhores motivos.[16] Explicações moralistas baseadas na "decência comum" vêm para substituir uma análise das relações de poder.

Isso tem a ver com a maneira como o *establishment* liberal demonstra pouca ou nenhuma crença na causalidade política. Em vez disso, *as coisas simplesmente acontecem*, com um evento político seguindo outro em uma caminhada aleatória. Para o liberal afetado pela SCON, a história política recente é *apenas uma porcaria atrás da outra*, uma catástrofe que vê destroços empilhados sobre destroços. Nesse processo, a responsabilidade é transferida para atores externos, o que faz com que explicações cada vez mais conspiratórias venham à tona. As alegações de interferência estrangeira — normalmente ridicularizadas como paranoia quando expressas, por exemplo, por sérvios ou venezuelanos sobre seus próprios sistemas políticos — tornaram-se uma explicação aceita em relação aos eventos políticos nos Estados Unidos, o país mais poderoso da Terra.

Isso fica mais claro na surpreendente longevidade dos relatos sobre a interferência russa na eleição presidencial de 2016. Essa explicação amplamente aceita para a eleição de Trump só começou a se dissipar no início de 2019, quando o até então heroico guerreiro anti-Trump Robert Mueller informou que não houvera interferência. A crise da covid-19 parecia ter acabado com o "Russiagate", mas os protestos em reação ao assassinato de George Floyd pela polícia em 2020 ofereceram mais uma oportunidade de reviver os chavões da Guerra Fria. Uma das ex-conselheiras de segurança nacional de Obama, Susan Rice, argumentou que "não ficaria surpresa em saber que [os russos] fomentaram alguns desses extremistas de ambos os lados usando as redes sociais".[17]

É lugar comum na política dos EUA apresentar o Kremlin como o ponto de coordenação de uma campanha extraordinariamente sofisticada de bots e sabotagem nas redes sociais, e falar da "subserviência" de Trump a Putin.[18] Ao mesmo tempo, um dos verdadeiros pontos fortes dessa análise é que qualquer evento ou ação de Trump — bem como o processo de seu impeachment — é apenas mais uma evidência do poder russo.[19] Trata-se de uma teoria infalsificável.

Outra falha explicativa pode ser observada na campanha de Hillary Rodham Clinton. A obsessão por pesquisas e modelagem estatística do gerente de campanha de Clinton, Robby Mook, culminou infamemente em uma estratégia em desacordo com os conselhos dos ativistas locais, entre eles, a decisão de que Clinton encerrasse sua campanha no Arizona em vez de Wisconsin. Mook concluiu que era uma "perda de tempo e energia" tentar persuadir os eleitores indecisos ou ir às áreas rurais.[20] A suposta superioridade do algoritmo substitui qualquer compreensão política. O arbítrio e a causalidade política são descartados em favor da teorização conspiratória ou, então, de uma série de correlações e modelos de regressão.

O único fator explicativo real em uma visão da política contemporânea afetada pela SCON é a mídia. Como os liberais tendem a confiar mais na mídia do que o público em geral,[21] eles são naturalmente propensos a exagerar sua influência. Assim, encontramos o *establishment* liberal fetichizando a *des*informação, por exemplo, quando culpa a manipulação das redes sociais por eventos políticos. A síndrome devastou os cérebros dos comentaristas a tal ponto que eles se dispuseram a descartar até mesmo os principais ideais do Iluminismo, como a verdade e os fatos. Refletindo uma tendência cultural mais ampla logo após os eventos relacionados ao Brexit e a Trump, o Oxford English Dictionary declarou "pós-verdade" a palavra internacional do ano de 2016, enquanto a Sociedade para a Língua Alemã seguiu o exemplo, selecionando *postfaktisch* ("pós-factual").[22] Isso surgiu em conjunto com uma literatura pop-política crescente sobre a "pós-verdade", e também com pesquisas acadêmicas sobre o assunto.[23] Uma espécie de pânico moral tomou conta de toda a classe de especialistas com o escândalo da Cambridge Analytica, que revelou que a empresa havia usado dados extraídos do Facebook para criar perfis psicográficos de usuários aos quais direcionar publicidade política. Têm sido sugeridas diversas respostas a esse pânico, entre elas, o plano de Macron de criar uma agência europeia para combater as fake news no âmbito continental — embora, é claro, a questão seja de interesse pessoal do próprio Macron após o escândalo "Macron leaks", no qual seus e-mails foram hackeados nas últimas horas da campanha eleitoral presidencial francesa.[24]

Não é necessário dizer que na raiz disso está uma visão dos consumidores de mídia como sendo pessoas crédulas, fáceis de serem enganadas e essencialmente sem arbítrio. Aqueles que defendem essas teorias cognitivas provavelmente nunca se perguntaram se já foram influenciados por propagandas políticas enquanto navegavam à toa no Facebook; a resposta certamente seria não. Mas eles não aplicariam o mesmo princípio à maioria dos cidadãos. A ideia de que se pode confiar em que os cidadãos votarão "corretamente" também está sob pressão. Essas atitudes elitistas têm permitido que epistocratas e gnosocratas — tanto uns quanto outros defensores da ideia de que a sociedade deve ser governada por seus cidadãos mais instruídos e inteligentes (ou seja, eles mesmos) — saiam das sombras e concluam solenemente que se deveria introduzir testes de conhecimento político para salvar a democracia de si mesma, sem perceber até que ponto seus próprios argumentos ecoam a venerável linha de argumentos antissufrágio do *establishment*.[25]

4.3 A incapacidade de reagir a mudanças políticas

Se a mudança política não for aceita nem explicada, é quase impossível formular uma resposta coerente a ela. O *establishment* liberal preferiu retratar a política contemporânea como um "jogo sujo" no qual eles são as vítimas abusadas e injustiçadas. Aqui encontramos outro sintoma característico da SCON: um complexo de perseguição entre alguns dos membros mais influentes e abastados da sociedade.

No contexto dos Estados Unidos, podemos ver, por exemplo, a noção do "Bernie Bro" como uma ameaça perigosa para os partidários de Hillary Clinton em 2016 — ou de Elizabeth Warren em 2020. Vemos a auto-idealização do liberalismo anti-Trump como a #Resistência, invocando a autoridade da luta guerrilheira antifascista. Na Grã-Bretanha, os parlamentares desenvolveram seu próprio complexo: os manifestantes que chamaram a ex-deputada conservadora Anna Soubry de nazista, traidora e fascista fora do parlamento tiveram que se declarar culpados de causar "assédio, alarme ou angústia" à ex-líder do "Independent Group for Change" [Grupo Independente para a Mudança].[26] Com isso, os atos de fala são historicamente recodificados como ameaças que se equiparam à violência física e à intimidação. A consequência dessa apresentação da elite como vítima é permitir que membros relativamente privilegiados da sociedade mascarem seu poder econômico e político real e, em vez disso, se apresentem como dignos da simpatia popular. Esse "complexo de perseguição da elite", portanto, manifesta-se como hipersensibilidade a qualquer tipo de crítica. A política sempre foi dura e difícil; somente a pós-política do Fim da História permitiu que a *intelligentsia* pensasse que não era, ou que não deveria ser, assim.

A fuga psicológica desse novo estado de coisas é obtida por meio da nostalgia por um passado muito recente. Os liberais endinheirados não se veem como vencedores, mas sim como críticos, falando corajosamente a verdade para o poder. Assim, eles se permitem sentir saudades de uma época em que o governo era mais tranquilo e mais calmo. No Reino Unido, as Olimpíadas de 2012 são frequentemente descritas em termos nostálgicos como "um ponto alto para um Reino Unido autoconfiante e voltado para fora".[27] O desejo dos liberais americanos de retornar aos anos de Obama é uma questão recorrente. Um jornalista de alto nível opinou que Obama deveria ser chamado para acalmar os desordeiros em maio de 2020, após a morte de George Floyd — alheio ao fato de que o Black Lives Matters teve origem em circunstâncias semelhantes durante a presidência de Obama.[28]

Apesar da proximidade no tempo, esse passado recente idealizado é impossível de ser recuperado. Assim, atolados em profundo pessimismo, os liberais recorrem a declarações pomposas sobre o caráter terrível do presente. Escalando as alturas do catastrofismo absurdo, o ex grande mestre enxadrista e liberal declarado Garry Kasparov declarou em julho de 2018: "Estou pronto para chamar esta de a hora mais sombria da história da presidência americana. Se conseguirem pensar em alguma concorrência, me avisem".[29] A nostalgia em relação ao passado e à fantasia sombria sobre o futuro levaram os Remainers do Reino Unido a defender a ideia de que o Brexit ameaçaria a merenda escolar, causaria mortes devido à escassez de insulina, faria a economia encolher 8% em um único ano e geraria escassez de bacon e mussarela.[30] Quem diria que era possível ser ao mesmo tempo pretensioso e banal?

Aliada à nostalgia e ao catastrofismo está uma compulsão pela repetição, por meio da qual os liberais reproduzem (muitas vezes em termos ridiculamente semelhantes) os principais processos políticos, na esperança de um resultado diferente. Esse mecanismo tem estado claramente em ação nos apelos por um segundo referendo no Reino Unido e pode ser observado no Partido Democrático italiano que segue a estratégia visivelmente malograda dos democratas dos EUA: reforçar o compromisso com o liberalismo do *establishment* ao mesmo tempo que sua base da classe trabalhadora definha. O destino de outros antigos partidos social-democratas por toda a Europa também é revelador. De fato, vários dos exemplos citados ao longo deste capítulo estão sujeitos à repetição patológica, independentemente das consequências — parte de um transtorno obsessivo-compulsivo político.

Em lugar de qualquer resposta "política" à mudança política, os últimos anos testemunharam um infantilismo impressionante por parte do *establishment* liberal. Dentre eles estão o comportamento infantil (as constantes referências a Harry Potter[31] ou o balão de um Donald Trump bebê usado em protestos em Londres) e a imaturidade (por exemplo, slogans profanos como "Bollocks to Brexit" [Dane-se o Brexit] ou "Fuck Boris" [Foda-se, Boris], em referência ao então primeiro-ministro britânico. Em um sentido mais figurativo — e mais perigoso — o comportamento infantil se expressa no desejo de que uma autoridade externa resolva os problemas políticos. Aqueles que sofrem de SCON recorrem a figuras não eleitas, como o ex-diretor do FBI, James Comey, ou a juíza da Suprema Corte do Reino Unido, Lady Hale, ambos celebrados por sua coragem em enfrentar os inimigos políticos do liberalismo estabelecido. Uma resposta semelhante é vista no desejo para que o Facebook resolva o pânico moral das fake news por meio de controles mais rígidos. Os guardiões tradicionais sentem que o mundo lhes está escapando por entre os dedos e, por isso, apelam para qualquer autoridade, inclusive o gigante oligárquico das redes sociais, para conter o fluxo. O comportamento infantil e a imaturidade aparecem como uma recusa em levar a política a sério e estão em dolorosa contradição com os avisos histéricos de destruição iminente. Chapéus de gatinho contra o fascismo? Sério?

A defensividade, enraizada em um sentimento de que a nossa própria influência está diminuindo, muitas vezes leva a uma resposta moralizante: não se trata apenas de dar sermões e apontar de dedos, mas também de mostrar condescendência. Em sua única formulação verdadeiramente poética, a famosa "cesta de deploráveis" de Hillary Clinton, como ela chamou (metade dos) partidários de Trump, capturou isso de forma maravilhosa. Nos EUA, assim como no resto do mundo, vemos os mesmos deploráveis em diferentes cestas. A jornalista liberal de esquerda Laurie Penny, após o referendo de 2016, culpou o "cérebro de lagarto assustado e paroquial" dos eleitores do Leave, enquanto Paul Mason declarou que o resultado das eleições gerais de 2019 no Reino Unido era "uma vitória dos idosos sobre os jovens, dos racistas sobre as pessoas de cor, do egoísmo sobre o planeta".[32] Esse desprezo progressivo tem sido cultivado por toda a classe política tradicional. É um elitismo antiquado, justificado com base em motivos "woke". Uma vez que o povo é basicamente um bando de idiotas, suas opiniões podem ser descartadas. Como disse Clinton, são "racistas, sexistas, homofóbicos, xenófobos — islamofóbicos — etc.".[33] Quando essas atitudes prevalecem, em vez de tentar persuadir o povo do contrário — ou perguntar por que esses preconceitos existem — a rejeição complacente é o caminho de (in)ação escolhido. O liberal tem a consciência limpa em relação ao *próprio* ódio e está livre para punir as pessoas — econômica, política ou culturalmente — por seu atraso. A ideia (encontrada no capítulo anterior) de que a repressão do ódio, das paixões políticas, pode ter um papel nas erupções de intolerância nunca é aceita.

Em suma, podemos delinear os principais sintomas da SCON: uma incapacidade febril por parte do *establishment* liberal de *aceitar* mudanças políticas, o que leva à incredulidade, à negação e à recusa em assumir responsabilidades; uma incapacidade de *explicar* as mudanças políticas, substituindo qualquer entendimento confiável da causalidade política por uma fetichização fácil da desinformação ou da falta de conhecimento por parte dos eleitores; uma incapacidade de *reagir* às mudanças políticas, com reações marcadas por um complexo de perseguição da elite, nostalgia de um passado muito recente, catastrofismo, compulsão à repetição, infantilização e moralização.

4.4 Explicando a SCON

Para explicar a SCON, temos que nos aventurar ainda mais na mentalidade liberal nos anos felizes anteriores a 2016. Como vimos na introdução, esse mundo mental oferecia pouco estímulo. O Fim da História foi marcado por uma "retromania", na qual a música, a arte, a televisão e o cinema estavam atolados em nostalgia, reciclagem e repetição, e impregnados de um pessimismo discreto e cínico. Um escritor caracterizou com astúcia o cenário como "infinitude e continuidade" para referir-se, por exemplo, à maneira como as séries de TV ou franquias de filmes de longa duração veem a aparição das mesmas personagens e universos fictícios, repetidamente.[34] Basicamente, nada era novo: tínhamos ficado sem ideias. Assim, olhamos para trás em busca de formas de diversão, ou para o iminente fim do mundo, como motivação para ideias culturais.

Embora a natureza enfadonha e repetitiva da cultura durante o Fim da História tenha sido diagnosticada com precisão, esses tratamentos não explicam o que motivou essa exaustão cultural nem a vinculam ao mundo da política. Olhando para as primeiras décadas do século XXI, está claro agora que a cultura da Europa Ocidental e, em particular, da América do Norte, foi definida (e distorcida) pela ausência de qualquer horizonte da história, pelo potencial de uma mudança fundamental na organização social. As esperanças do socialismo e do comunismo apontavam para um futuro diferente; as utopias existiam, mesmo que apenas — quando muito — em nossas mentes. A ausência de outro plano superior da história à nossa frente significava que estávamos presos em um eterno presente.

Talvez nem precisemos ir tão longe. A simples ausência de diferentes regimes *capitalistas*, além do neoliberalismo reinante, foi suficiente para embotar a imaginação dentro da bolha ocidental. A proscrição da contestação produziu uma estabilidade asfixiante. Se você se inclinasse para a esquerda, talvez pudesse ver as coisas piorando um pouco, lentamente, à medida que nos arrastávamos para o eco-apocalipse. Se você se encontrasse na direita pró-mercado, as coisas melhoravam um pouco, lentamente nas estatísticas sobre o comércio global e o declínio da mortalidade infantil. De qualquer forma, não havia drama. O que tínhamos na época haviam chegado para ficar, para sempre.

Até mesmo as categorias usadas para entender a política haviam se tornado zumbificadas. Em vez de começar pela sociedade como ela é, com as frustrações, as esperanças e os interesses reais das pessoas, os liberais analisavam as coisas de cima para baixo, usando as mesmas categorias de marketing criadas para a política da máquina de captação de votos. Assim, presumia-se, por exemplo, que, se alguém votasse no Partido Trabalhista, era um liberal urbano ou um trabalhador industrial ou uma minoria étnica; ou era um não eleitor e, portanto, não tinha muita importância. Há caixas pré-definidas e a população vai sendo encaixada nelas. Por meio de pesquisas de opinião e grupos de foco, as necessidades do "cliente" passaram a ser entendidas e, assim, o partido político como marca poderia orientar adequadamente suas mensagens para o público-alvo. A imagem composta do comportamento passado e das preferências atuais previa o comportamento futuro. A política, portanto, era um processo de gerenciamento de quaisquer expectativas irreais que os eleitores pudessem ter, ao mesmo tempo em que se louvava os méritos de tecnocratas manifestamente medíocres como pragmáticos que sabiam o que era possível e o que não era.

Como os partidos políticos se tornavam cada vez mais dependentes do Estado e menos da sociedade civil, a distância entre os partidos e os eleitores aumentava, enquanto a distância entre os próprios partidos diminuía. Nas palavras de Peter Mair, "os partidos se tornam os representantes do governo na sociedade, em vez de serem a ponta de lança da sociedade no Estado".[35] Os comentaristas políticos se acostumaram a um tipo peculiar de política: um quase consenso entre a classe política, cidadãos distantes e desinteressados e um foco cada vez maior em centros de governo geograficamente concentrados ("Westminster", "Washington", "Bruxelas"). A discussão acalorada sobre a "polarização" na política dos EUA era mera fachada para uma política partidária estreita, ou então representava divisões culturais, não políticas. É claro que não foram apenas os comentaristas políticos, mas toda uma série de profissionais que trabalham em ONGs, instituições culturais de elite, na academia e assim por diante e que passaram a ver a sociedade dessa maneira, de cima para baixo: a sociedade como um objeto passivo e manipulável.

Ao mesmo tempo, uma visão particular da "maneira correta de fazer política", que se encaixava confortavelmente nos interesses e nas inclinações do especialista liberal, preenchia esse vazio entre o eleitorado e a política formal. Essa era essencialmente a mentalidade do profissional egresso do programa Filosofia, Política e Economia em Oxford, da Énarque [École Nationale d'Administration, França] ou o tipo Beltway [especialistas em política de Washington D.C.] que, como consultores especiais munidos de crachás ou assessores de relações públicas intercambiáveis, vestidos como políticos, dominavam a política da época. Nesse contexto, o partido político foi reduzido a um local para as carreiras de jovens graduados ambiciosos, preguiçosos demais ou com pouca visão para se tornarem banqueiros de investimentos. Junto com a celebração da competência, veio a expectativa de um comportamento condizente com a etiqueta da classe média, incorporando profissionalismo e decoro solenes. A raiva, por exemplo, foi excluída do conjunto de comportamentos políticos legítimos, e é por isso que o que a escritora Amber A'Lee Frost chamou de "Dirtbag Left" (Esquerda Suja) atraiu tanto escárnio: ela parecia rejeitar a civilidade e a sobriedade no tom e, em vez disso, abraçar a vulgaridade.[36]

Discutimos nos capítulos anteriores a preocupação da elite com a apatia popular. As críticas ao distanciamento em massa geralmente tinham um tom moralizante, sugerindo que qualquer pessoa que não estivesse suficientemente entusiasmada com os chavões blairistas ou clintonistas para ir às urnas não estava apenas perdendo a chance de opinar, mas também decepcionando todos os outros por ser um cidadão ruim.[37] O colapso da ordem neoliberal e a estranha política que ela criou significam que muitos, sem dúvida, prefeririam que os cidadãos voltassem a ser apenas "ruins", em vez de raivosos, irracionais e indisciplinados, como se vê agora.

Flutuando nas águas plácidas de uma política sem o povo e de uma cultura sem história, as instituições liberais foram profundamente abaladas pelo retorno da política. O fato de a política reaparecer como *anti*política é particularmente ameaçador, pois coloca em questão o status e os interesses profissionais do setor da sociedade que tem o maior investimento afetivo em instituições liberais desacreditadas. As massas se desinvestiram; as elites empresariais estão, em última análise, interessadas no lucro, deixando as elites políticas e os profissionais de classe média tentando desesperadamente se agarrar a um mundo pós-político que se esvai.

Capítulo 5

A Política Contra Si Mesma: Variedades da Antipolítica

Embora parecesse que a "antipolítica" estava vencendo, os primeiros estágios da crise da covid-19 permitiram uma breve interrupção da Síndrome do Colapso da Ordem Neoliberal. A autoridade do conhecimento científico foi reforçada pela pandemia. Mas isso foi efêmero, e o retorno da tecnocracia acabou se revelando mais como um último esforço antes do fim.[1] Os movimentos antipolíticos continuaram a desafiar os *establishments* políticos, e o efeito de "união em torno de uma causa comum" que se estabeleceu no auge da crise foi logo seguido por protestos em massa. No entanto, a natureza da antipolítica é que ela tende a agravar o enfraquecimento da autoridade política, porque os políticos e os movimentos que a utilizam muitas vezes recusam-se a assumir eles mesmos a autoridade.

A transição do Fim da História para o Fim do Fim da História é, em certo sentido, a narrativa da antipolítica levando vantagem sobre a pós-política. Como vimos no Capítulo 3, as elites tradicionais estão em pânico diante do populismo. Isso é melhor entendido como antipolítica "de cima para baixo". Nosso argumento aqui é que a antipolítica vem principalmente "de baixo", dos cidadãos. Ela pode assumir várias formas, da direita à esquerda ou ser politicamente amorfa. Quando essas energias antipolíticas são capturadas por empreendedores políticos, especialmente aqueles com vínculos preexistentes à política formal, isso é antipolítica de cima para baixo: o populismo.

A seguir, enumeraremos as várias formas de antipolítica, concentrando-nos principalmente na antipolítica de baixo para cima.

Declarar que "todos são corruptos" é possivelmente o exemplo mais fundamental da antipolítica atual. Sua natureza como uma queixa politicamente ambivalente é compatível com os tempos pós-ideológicos do mundo pós-Guerra Fria. Além disso, sua capacidade de destituir a democracia de qualquer autoridade — porque a autonomia política também significa a liberdade de ser corrupto — significa que também é a mais perigosa. Argumentamos que a política anticorrupção tem dois resultados possíveis: a pós-política ou o autoritarismo. Dada a centralidade das alegações de corrupção para a antipolítica e a importância de suas consequências, começamos o capítulo examinando a anticorrupção e dedicando a ela mais espaço. As três formas seguintes que trataremos surgem na esquerda política, e as chamamos de "horizontalismo", "revolucionismo" e "derrotismo da esquerda". Por último, voltaremos nossa atenção para a antipolítica de cima para baixo e examinaremos como contraelites foram formadas em diferentes países ao redor do mundo, apropriando-se das energias antipolíticas para promover projetos nacional-populistas.

5.1 Anticorrupção

A revista *Foreign Policy* chamou 2019 de "A Year of Global Protest" [Um Ano de Protestos Globais], listando a onda de movimentos "sem líderes" no Equador, Bolívia, Chile, Haiti, França, Iraque, Irã, Sudão, Hong Kong, Indonésia e outros países. Embora cada manifestação tenha sido provocada por fenômenos sociais diferentes, a revista identificou alvos universais: "a corrupção, a disfunção política e um descontentamento geral com a administração econômica que parece oferecer poucas promessas para uma geração perdida".[2] Por sua vez, a BBC buscou identificar eventuais semelhanças entre todos os protestos de 2019, se é que havia alguma. A corrupção era mencionada ao lado da desigualdade, do clima e da liberdade.[3]

Bem antes de 2019, a Itália foi pioneira em novas formas de protesto contra a corrupção; afinal, o país expressa tendências políticas contemporâneas e degenerativas antes e melhor do que em outros lugares. A Primeira República Italiana foi derrubada pela investigação de corrupção e subsequente escândalo no início da década de 1990, abrindo caminho para Silvio Berlusconi (veja no Capítulo 6 um relato completo). Um dos herdeiros desse momento antipolítico e anticorrupção foi um fenômeno curioso chamado Movimento Cinco Estrelas (M5S), fundado por um comediante, Beppe Grillo.

Dois anos antes da formação do partido, Grillo criou o que ele chamou de "Dia V", realizado em 8 de setembro de 2007. Afirma-se que 5 milhões de pessoas teriam participado do evento organizado em torno de três demandas políticas: um sistema eleitoral que permitisse aos eleitores escolher diretamente os representantes, em vez de votar em listas partidárias; limites de dois mandatos; e uma "limpeza do parlamento", por meio da qual os candidatos condenados por crimes seriam impedidos de assumir cargos. Mais de 300 mil assinaturas foram coletadas. O Dia V — V de *vaffanculo*, ou "vá se ferrar" — foi concebido em oposição a Berlusconi e ao *berlusconismo.* Ainda assim, os organizadores acabaram enfrentando acusações de demagogia, populismo e antipolítica — exatamente algumas das acusações feitas regularmente ao próprio Berlusconi. Grillo respondeu a essas alegações argumentando que ele era apenas contra a classe política, não contra a política em si. No entanto, Grillo recusou-se a identificar-se com a esquerda ou com a direita, apresentando-se como um agente de intermediação, como representante de todo o povo contra a elite corrupta.

Em uma reviravolta que pode ser vista como irônica — ou tristemente previsível — o M5S, uma década depois, passou a integrar o governo com a Lega Nord, um partido que fora pioneiro no populismo anticorrupção no início dos anos 1990, embora com um histórico muito diferente do M5S.[4] Em 2019, um ano após a eleição que deu origem à coalizão governamental antipolítica Lega-M5S, o líder da Lega, Matteo Salvini, propôs novas eleições, já que a Lega havia subido nas pesquisas às custas do M5S (provavelmente porque o M5S não funcionava mais como um veículo abrangente para protesto). Grillo se opôs a novas eleições, argumentando que o M5S deveria, em vez disso, "resistir aos bárbaros" (ou seja, à Lega anti-imigração), aliando-se ao antigo inimigo do M5S, o *establishment* dos democratas de centro-esquerda. A luta do Cinco Estrelas contra a corrupção e a classe política acabou tendo o filhote de Grillo como parte integrante dela. A "anticorrupção" demonstrou não proporcionar uma base sólida para a construção do poder.

No entanto, a política anticorrupção nem sempre foi um apanhado pós-ideológico para o descontentamento popular. Durante toda a Guerra Fria, a politização da corrupção foi vista como uma arma dos movimentos socialistas ou de libertação nacional contra as elites; consequentemente, as potências ocidentais ignoraram-na em grande parte, preocupadas com o fato de ser um instrumento de manejo perigoso. Enquanto isso, no bloco do Leste, o discurso anticorrupção era altamente predominante, mas justamente porque era seguro. Era visto como uma forma despolitizada de criticar o governo. Vê-se que a moeda da anticorrupção na China contemporânea pode ser explicada da mesma forma.

Foi somente no final da Guerra Fria que a anticorrupção emergiu de sua pré-história. Os interesses capitalistas ocidentais transformaram o discurso em uma arma para desmantelar o sistema soviético. A corrupção foi considerada pela "Nova Ordem Mundial" como uma forma de protecionismo: um arranjo em que são necessárias relações pessoais estreitas entre agentes do Estado e corporações para realizar negócios é proibitivo para pessoas de fora. Para promover os interesses econômicos ocidentais, os laços mantidos pela *nomenklatura* pós-soviética tinham de ser rompidos. O discurso anticorrupção no Fim da História tornou-se, portanto, uma ferramenta do neoliberalismo. "Transparência" é a palavra de ordem, um código para arranjos pró-mercado sob os quais o poder público é impedido de extrair rendas das corporações. É um meio de restringir o estado intervencionista ou desenvolvimentista. Embora pareça um benefício evidente, a "transparência" não garante a autonomia política, mas a autonomia do capital.

Mas como isso se relaciona com nossa preocupação neste ponto, ou seja, a anticorrupção como uma forma de antipolítica vinda de baixo? Bem, por uma astúcia da história, os protestos populares anticorrupção tendem a resultar exatamente no tipo de gestão pós-política e tecnocrática favorecida por instituições como o FMI e o Banco Mundial. Esse nem sempre é o resultado, é claro. Em outros casos, a deslegitimação da classe política pela anticorrupção acaba explodindo a autoridade política democrática como tal. Populistas autoritários chegam ao poder. Aqui examinaremos vários casos, a maioria dos quais leva a um desses dois resultados.

A Europa Oriental é o principal local para essa dinâmica atualmente. Isso não deveria ser surpresa, dada a pré-história do combate à corrupção no bloco do Leste, seguida pela instrumentalização do combate à corrupção liderada pelo Ocidente no início da década de 1990. Os odiados "privilégios" que a *nomenklatura* concedia a si mesma no socialismo real se tornaram "corrupção" no mundo pós-comunista. E os culpados eram, muitas vezes, a mesma *nomenklatura* que havia se adaptado ao novo mundo, alavancando seu relacionamento com o Estado para seu próprio benefício.

A corrupção pode ser vista aqui de forma nua e crua como uma consequência da privatização dos ativos estatais. Talvez, de forma mais abstrata, ela também possa ser entendida como uma privatização da política: os cidadãos se afastam das instituições públicas e as elites ricas transformam a administração pública em seus brinquedos pessoais. Um ministro polonês responsável por privatizações no início da década de 1990 chegou a descrever o processo como "aquele em que alguém que não sabe quem é o verdadeiro proprietário e não sabe quanto realmente aquilo vale acaba vendendo algo para alguém que não tem dinheiro".[5] Como resposta a esses desenvolvimentos históricos, os cidadãos desses países acreditam que há muito mais corrupção atualmente do que antes de 1991. De acordo com o Índice de Percepção da Corrupção da organização Transparência Internacional, todos os países da região do Leste Europeu/Ásia Central, exceto um, obtiveram uma pontuação abaixo de 45 (onde 100 é o mais limpo), com as perspectivas piorando na maioria deles nos últimos anos. É justamente nessas sociedades que os protestos contra a corrupção têm explodido com maior frequência.

Na Moldávia, uma fraude bancária de US$1,5 bilhão em 2015 levou às maiores manifestações desde 1991, quando o país se tornou independente da

União Soviética. Embora houvesse tendências divergentes, incluindo uma presença da esquerda e uma chapa favorável à unificação com a Romênia, muitos agitaram bandeiras da UE. O partido Plataforma Dignidade e Verdade, que surgiu das manifestações e cujo núcleo mobilizou os protestos no início, mantém uma posição pró-UE de centro-direita. O objetivo da anticorrupção aqui é se tornar um "país normal" dentro da UE. A antipolítica de oposição à corrupção se presta à pós-política. Em vez de derrubar as instituições, a solução é que elas sejam transformadas por meio das pressões externas da adesão à UE.

Em 2017, protestos em massa tomaram conta da Romênia, com até meio milhão de pessoas nas ruas de todo o país, sendo os maiores protestos desde a queda de Nicolae Ceausescu. O governo de centro-esquerda tentou enfraquecer as leis anticorrupção para, segundo diziam, "reduzir a superlotação nas prisões". Os protestos inicialmente promoveram um discurso de uma "nova" Romênia, enfatizando a juventude, a meritocracia, o profissionalismo, o respeito às regras, o multiculturalismo e assim por diante, contra as antigas práticas clientelistas e corruptas. Os protestos tinham como alvo o partido governista PSD, chamado de "Peste Vermelha", por ser a personificação da classe política.[6] Mas os manifestantes também zombavam dos eleitores do PSD por terem sido seduzidos pela agenda social de pensões e seguridade social do partido. Ao mesmo tempo, surgiu uma tendência mais claramente "populista", classificando todos os partidos como iguais.[7] Assim, esses protestos abrangentes capturam as duas tendências inerentes à anticorrupção: uma voltada a uma agenda pós-política "modernizadora" e outra mais explicitamente antipolítica.[8]

Talvez o caso mais marcante tenha sido o da Hungria. No infame "discurso de Őszöd" proferido pelo então primeiro-ministro Ferenc Gyurcsány em 2006, o líder do Partido Socialista admitiu ter mentido sistematicamente e não ter conseguido realizar nada de relevante em quatro anos de mandato. Os protestos em massa que se seguiram, os primeiros do gênero desde 1989, levaram à deslegitimação dos governos liberais de esquerda pós-soviéticos. O partido Fidesz, de Viktor Orban, obteve uma em 2010. Aqui, a antipolítica estabeleceu a base para que Orban se tornasse a principal figura da "democracia iliberal" na Europa, fornecendo um modelo para outros populistas autoritários.

Mais recentemente, no início de 2020, a Eslováquia votou em um ativista anticorrupção rebelde que havia projetado seu nome por meio de várias ações públicas destinadas a demonstrar a impunidade política. Seu partido (anti-)político não poderia ter um nome mais evidente: Partido das Pessoas Comuns.[9]

É claro que as políticas anticorrupção não se restringem ao Leste Europeu, nem tampouco todos os casos são necessariamente antipolíticos. Por exemplo, no período que antecedeu a vitória nas eleições mexicanas de Andrés Manuel López Obrador, AMLO, como é conhecido, protestou contra uma minoria corrupta e voraz de executivos de empresas. No entanto, o contexto da frágil legitimidade do Estado mexicano e seu envolvimento com os cartéis do tráfico de drogas, além do próprio programa esquerdista de AMLO, fizeram com que sua oposição à "máfia do poder" assumisse uma forma política mais determinada, parecendo fugir tanto das tendências pós-políticas quanto das antipolíticas.

A política da Nigéria também tem sido dominada pela anticorrupção, com a eleição de 2019 enquadrada em termos de uma direita etnocultural contra um centro tecnocrático, representado por Muhammadu Buhari e Atiku Abubakar, respectivamente. Ambas propostas, no entanto, foram centradas na anticorrupção, a ponto de podermos afirmar que as duas principais forças políticas representariam uma única posição ideológica.[10] A anticorrupção aqui serve a propósitos evidentemente pós-políticos, evitando a contestação ideológica, como também objetivos obviamente mais cínicos, como quando o presidente Buhari (reeleito em 2019) reprimiu a sociedade civil, usando a retórica anticorrupção. Protestos vindos de baixo, que pediam ações contra a corrupção, foram incapazes de romper com essa política circunscrita, e assim desperdiçou-se uma oportunidade de politização.

Embora o termo "captura de Estado" tenha sido usado pela primeira vez em referência às repúblicas pós-soviéticas da Ásia Central, designando a corrupção política sistêmica na qual os interesses privados são capazes de direcionar a tomada de decisões do Estado em um grau significativo, foi na

África do Sul que ele encontrou sua manifestação recente mais descarada. Os Guptas, uma rica família indiana, desenvolveram um relacionamento extremamente íntimo com o presidente Jacob Zuma. A campanha da sociedade civil "Save South Africa" [Salve a África do Sul] protestou contra a captura de Estado, exigindo responsabilidade e transparência. Entretanto, o esforço para livrar o país de Zuma e de seu governo corrupto nunca mobilizou uma visão alternativa. Ele permaneceu prejudicado pela fraqueza da oposição, pela desmobilização e burocratização dos sindicatos e pela estagnação e corrupção do Congresso Nacional Africano. A oposição, no lugar disso, reduziu a política ao único objetivo de se livrar de Zuma, destacando sua corrupção. A era pós-Zuma, portanto, não representa nenhuma mudança significativa em relação ao status quo anterior, e a sociedade sul-africana continua à deriva.[11] A constante propagação de escândalos pode ser desmotivadora. Essa, aliás, é uma das principais consequências da própria corrupção e, talvez, um de seus objetivos. O marxista italiano Antonio Gramsci via a corrupção como um meio de exercer o poder de classe: "Entre o consentimento e a força encontra-se a corrupção/fraude (que é característica de certas situações em que é difícil exercer a função hegemônica e quando o uso da força é muito arriscado). Isso consiste em obter a desmoralização e a paralisia do antagonista (ou dos antagonistas) comprando seus líderes — secretamente ou, em casos de perigo iminente, abertamente — a fim de semear a desordem e a confusão em suas fileiras".[12] Ao comprar pessoas para atingir seus objetivos, a esfera pública se torna privatizada. O efeito é acabar com as esperanças de que a vida pública possa melhorar; os cidadãos então se afastam da participação política.

Dessa forma, a corrupção e a anticorrupção impedem conjuntamente a politização. A primeira age despojando a população de expectativas de que a mudança progressiva seja alcançada; a segunda retrata a política como inerentemente corrupta e, portanto, intratável. A política anticorrupção tende, então, a sugerir soluções tecnocráticas ("transparência"), que apenas aumentam a distância entre as pessoas e a política. Quando a anticorrupção assume uma aparência mais populista, ela tende ao autoritarismo. Assim como ocorreu na Itália, onde os liberais e esquerda ficaram obcecados em remover Berlusconi, o foco em Zuma na África do Sul não construiu poder; simplesmente promoveu a despolitização.

Talvez, no entanto, não deva ser surpreendente que o tema da corrupção seja tão recorrente nos dias de hoje, quando as estruturas ideológicas do passado — no caso da África do Sul, a do socialismo e a da libertação nacional — são tão vazias. Os protestos contra a corrupção tendem não apenas a se concentrar na apropriação indevida de fundos públicos, mas também, direta ou indiretamente, na noção de que os políticos não estão agindo no interesse público, seja porque foram cooptados por interesses *privados* ou porque optaram por se vender. Dessa forma, a acusação de corrupção funciona regularmente como uma metáfora para a denúncia do abismo entre políticos e cidadãos, além de transmitir a ideia de que os primeiros são uma classe à parte. A era pós-política, portanto, abre as portas para o discurso sobre a corrupção.

A esta altura, vale a pena examinar o que realmente significa "corrupção" no mundo moderno. O conceito tem como premissa a separação entre os interesses públicos e os privados. Os interesses privados na sociedade de mercado não são comumente considerados patológicos; na verdade, o sistema capitalista baseia-se na livre busca por eles. Contudo, a intromissão dos interesses privados na esfera pública do Estado e do governo é teoricamente proibida — isso se chama corrupção. Na sociedade de mercado, porém, é impossível criar e proteger uma esfera pública verdadeiramente desinteressada, movida apenas pela virtude republicana. De fato, muita corrupção é tolerada e até legalizada — vide o caso do lobby nos Estados Unidos, por exemplo. Além disso, é impossível saber quanta corrupção existe; por sua própria natureza, ela é oculta. Portanto, embora as pessoas fiquem chocadas, com razão, com os escândalos de corrupção, são raras as maneira de estabelecer uma correlação entre a raiva popular e a existência de corrupção real. A primeira é relativamente autônoma em relação à segunda, ou seja, os protestos anticorrupção não são motivados pela existência da corrupção em si (por mais que as revelações chocantes muitas vezes sejam a faísca).

Por outro lado, a indignação com a corrupção na política pode até ser um indicativo de uma atitude democrática saudável. Se os cidadãos operam com base no pressuposto de que os políticos deveriam, de maneira geral, agir de acordo com o interesse público — independentemente de outros compromissos que possam surgir ao longo do caminho — a revelação de que eles *não o fazem* indica uma expectativa pública de que *deveriam fazê-lo*. Mas o que acontece quando essa expectativa chega ao limite? Ou quando a revelação da corrupção não apenas rompe os laços de confiança (entre o cidadão e o líder, e entre o líder e a república), mas age como confirmação do cinismo? Quando a política anticorrupção opera sobre essas bases, ela declara que não pode haver um bom governo. Aqui, a própria possibilidade de uma representação política fiel é questionada, e a autoridade política legítima perde todo o seu fundamento.

Um caso exemplar dessa dinâmica se encontra na crise política histórica no Brasil, que começou com as "Jornadas de Junho" de 2013, quando ocorreram algumas das maiores manifestações de rua da história do país. A crise ainda não tem data para terminar — uma nova crise simplesmente se segue a outra.[13] Podemos, entretanto, ser extremamente claros quanto ao desfecho: a anticorrupção leva ao populismo autoritário de direita.

No início de junho de 2013, uma série de manifestações foi realizada para protestar contra o aumento das tarifas de metrô e ônibus em São Paulo, a maior cidade da América do Sul. Organizadas por um grupo independente e a favor do transporte gratuito (*Movimento Passe Livre*), os protestos começaram pequenos. Mas, como em muitos eventos semelhantes ao redor do mundo, a repulsa generalizada à forte repressão policial levou à expansão das manifestações, tanto em números absolutos quanto à variedade de setores e classes da sociedade envolvidos. Em poucas semanas, mais de 2 milhões de pessoas estavam nas ruas de todo o Brasil.

As demandas ampliadas passaram a incluir o custeio à saúde e à educação, medidas anticorrupção, direitos LGBTQ+ e reforma política. Em suma, tratava-se de uma crise de representatividade, pois o crescimento das expectativas que acompanharam o boom econômico do Brasil na década anterior já não podia mais ser atendido. Essas massas, porém, eram compostas por vários grupos, alguns dos quais podiam ser identificados com uma tendência política específica, mas a maioria não. A esquerda estava fragmentada entre o Partido dos Trabalhadores (PT) que estava no governo havia mais de uma década e se mostrou cético em relação aos protestos, e vários outros partidos, sindicatos e movimentos que não eram vinculados ao PT. Um impulso fortemente antipolítico começou a ganhar força nas manifestações, com símbolos e bandeiras partidárias (especialmente o vermelho do PT) passaram a ser considerados indesejados.

Ao longo dos dois anos seguintes, a onda de mobilizações iniciada em junho de 2013 passaria por transformações significativas. Uma pauta anticorrupção de cunho moralista — presente já em 2013, e segundo a qual os políticos e a classe política são "todos iguais" e deveriam ser "varridos" — passou a dominar os protestos. Ao mesmo tempo, deu-se início às maiores investigações de corrupção da história do país, revelando um enorme escândalo de corrupção envolvendo a empresa estatal de petróleo, a Petrobras. Após a vitória do PT nas eleições gerais de outubro de 2014, os protestos e a indignação popular generalizada se transformaram em um fenômeno conhecido como *antipetismo*. O partido — até 2005 visto via de regra como uma força ética e de princípios — passou a ser identificado com o *establishment*, a corrupção e/ou a instrumentalização do Estado em prol de interesses partidários. A recessão mais grave da história do Brasil, que começou em 2015, aliada a medidas de austeridade, destinadas a apaziguar os mercados e implementadas pela presidente Dilma Rousseff (PT), contribuíram para acirrar a crise política.

Em 2015, temas nacionalistas ganharam destaque como consequência da liderança das mobilizações pelas classes média e média alta. "Meu partido é meu país" tornou-se um slogan comum, com manifestantes vestindo o verde e amarelo da bandeira nacional. A maior força desse antipartidarismo foi direcionada contra o PT e, consequentemente, contra a esquerda como um todo, ao ser associada à política como tal. Um novo herói surgiu nesse período, Sérgio Moro, o juiz que liderou a Operação Lava Jato, cujo alvo eram as ligações ilícitas entre as empreiteiras, a Petrobras e a classe política. Na época, parecia que as investigações eviscerariam toda a classe política. Dois terços dos parlamentares estavam sendo investigados por uma ou outra atividade ilícita.

O que poderia ter sido uma situação protorrevolucionária começou então a se parecer com uma repetição do caso italiano do início da década de 1990 que levou à queda da Primeira República (veja o Capítulo 6). Em um país com uma história mais recente de ditadura de direita, era possível inclusive pressagiar-se um desenrolar muito mais nefasto. As mobilizações de rua organizadas pela direita pediam o impeachment de Dilma Rousseff, que acabou sucumbindo às maquinações parlamentares para removê-la do cargo — um golpe brando, de fato. A autoridade do *establishment* tradicional entrou em colapso, enquanto a esquerda permaneceu fragmentada e incapaz de politizar a situação a seu favor. O PT permaneceu fiel à sua estratégia de conciliação de classes e concessões (pós-política) em um momento em que o centro político desmoronava e a crise econômica transformava em irrealista a moderação do "todos saem ganhando" dos anos 2000. A esquerda radical, por sua vez, estava muito enfraquecida e fragmentada para se aproveitar da situação e, independentemente disso, foi demonizada por ser a força mais política dentro da política — e, portanto, considerada não patriótica; uma influência corruptora.[14]

Nas eleições de 2018, a tradicional centro-direita descobriu que não tinha mais força e que todo o dinamismo estava nas mãos de Jair Bolsonaro, um congressista de extrema-direita com sete mandatos que se apresentava como um *outsider* incorruptível. O PT se apresentou como social-democrata moderado, prometendo um retorno aos bons tempos dos anos de bonança — ou seja, o status quo anterior — e perdeu.[15]

É claro que o Brasil está longe de ser o eixo do sistema global e, de qualquer maneira, tem uma história própria muito particular, com dinâmicas que não podem ser generalizadas para nações do norte global. No entanto, o país oferece o exemplo mais cristalino de antipolítica — e, em particular, de sua variante anticorrupção. O caso do Brasil exemplifica o ponto repetido aqui — que a anticorrupção tem duas tendências divergentes. Em uma delas, despoja os representantes políticos de credibilidade e legitimidade, exigindo um papel preponderante para a instituição contramajoritária (por exemplo, colocando juízes não eleitos no comando, pois eles são vistos como os únicos agentes capazes de fazer com que os políticos respondam por suas ações — um processo conhecido como judicialização da política). A remoção do poder dos representantes políticos também pode assumir a forma de uma agenda de privatização neoliberal, em que a intervenção do Estado na economia (incluindo, embora não se limitando, às empresas estatais) é vista como necessariamente propensa à corrupção. É provável que a privatização vá além da simples venda de empresas estatais, pois a capacidade do Estado de prestar serviços também é questionada. O fornecimento privado de transporte, saúde e educação é, portanto, colocado no cardápio. É uma trágica ironia que o combate ao fenômeno da corrupção (efetivamente, a privatização da política) leve a uma maior privatização.

Na segunda tendência, um povo supostamente puro e coeso emerge para combater uma classe política corrupta. A política está tão contaminada pela força da militância anticorrupção que as divisões que emanam da esfera política — partidos, ideologias — também passam a ser vistas como corruptas. No entanto, em vez de o povo (ou a classe trabalhadora) confiar em si e tomar o poder, cria-se um cenário de desconfiança generalizada, no qual todas as divisões devem ser destruídas para garantir a integridade ética da nação.

A anticorrupção, como forma de antipolítica, leva à pós-política (judicialização da política, tecnocracia neoliberal) ou ao populismo autoritário e nacionalista. O exemplo do Brasil mostra que essas duas consequências podem inclusive coexistir. A retórica nacionalista de Bolsonaro, a repressão às minorias e o ódio à esquerda são acompanhados por políticas econômicas neoliberais, pela venda de ativos estatais a interesses estrangeiros e pela glorificação do judiciário como agente anticorrupção. Em nível social, isso se reflete na despolitização e na privatização da experiência. Se a política não oferece mais nenhuma esperança, é melhor buscar refúgio na família e na fé, para defender o que é querido — com armas, se necessário.

A relutância da esquerda em uma politização abrangente, em romper com um status quo pós-político eficazmente administrado pelo PT, direcionou a incipiente revolta de junho de 2013 para seu desfecho final com a eleição de Jair Bolsonaro em 2018. A antipolítica fácil, em sua formulação populista ("as elites são todas corruptas e atuam em benefício próprio, nós, o povo, estamos unidos na oposição"), foi reiteradamente utilizada pela esquerda na última década. Ela não deu frutos e, em alguns casos, como no Brasil, levou ao desastre.

5.2 Horizontalismo e participação

O aumento da desigualdade e da precariedade e o colapso da ordem neoliberal conduziram a repetidas revoltas populares em todo o mundo na última década — muitas delas exemplificando o segundo tipo de antipolítica vinda de baixo. Desprovidas de uma linguagem ideológica adequada, bem como das organizações e instituições que sustentam essas ideias específicas, as multidões têm expressado sua indignação de forma direta e aberta contra a autoridade da classe política e, às vezes, da elite como um todo.

Antes das revoltas de 2019 mencionadas no início do capítulo, houve 2013. Vale lembrar que a revista *The Economist* incluiu esse ano ao lado das revoluções históricas mundiais de 1848, 1968 e 1989 na capa da edição de julho de 2013. Mas, em contraste com esses eventos dos séculos XIX e XX, que a revista considerava circunscritos à Europa, as revoltas de 2013 estavam supostamente ocorrendo "em toda parte". Sua característica essencial era a antipolítica da "ausência de liderança".

O retorno da "revolução" ao discurso geral ocorreu ainda antes, com o início da Primavera Árabe em 2011. Os modos de ação e organização e o simbolismo dessas revoltas no Oriente Médio e norte da África definiram o modelo para as revoltas na primeira parte da década. A tomada de praças e a criação de acampamentos, a organização por meio das redes sociais, as máscaras V de Vingança, a energia juvenil e os slogans antipolíticos... Tudo isso acabou se repetindo em muitos lugares. Primeiro, no movimento Occupy Wall Street, depois, em contextos tão diferentes como o da Espanha, da Bulgária, do Brasil, da Grã-Bretanha, da Ucrânia ou da Turquia. O cientista político Ivan Krastev comentou sobre o "estranho tipo de revolução" que esses levantes representaram.[16] Eles não têm rótulos ideológicos nem tampouco chegam a propor novas ideologias; até mesmo líderes carismáticos estão praticamente ausentes. São lembrados por seus vídeos e não por manifestos — um triunfo muito pós-moderno da imagem sobre o texto.

As análises que tentaram resumir o que motivou esses diferentes protestos geralmente esbarraram na realidade de contextos, composições, objetivos e resultados extremamente divergentes. Os protestos não expressavam nenhuma crença específica no capitalismo, mas certamente não eram socialistas. Alguns viram os eventos como uma revolta da "classe média global", mas isso suscita mais problemas do que soluções — muitos eram significativamente proletários em sua composição, considerados "classe média" apenas porque os manifestantes eram mais instruídos e tinham iPhones. Em termos quase universais, os protestos eram a favor da democracia, mas, ao mesmo tempo, evitavam qualquer tipo de representação. "O mais próximo que os revolucionários chegaram de apresentar um argumento sociológico foi quando denunciaram as elites sanguessugas do 1%. O governo, entretanto, é simplesmente uma conspiração no poder que pode ser combatida, mas que não é realmente compreendida".[17] Os protestos globais do início da década de 2010 — e muitos daqueles do final da década de 2010 — tinham como principal objetivo a *participação sem representação.*

As decepções em relação ao Occupy e o modo de organização do qual ele é o exemplo mais claro foram discutidos incessantemente. De maneira semelhante, muitos apontaram os precedentes na revolta antineoliberal da Argentina de 2001, sob o impacto da crise da dívida. Lá, assembleias de bairro e ocupações de fábricas enfatizavam a *horizontalidad* [horizontalidade] exclamavam *¡Que se vayan todos!* (Vão todos embora!). No entanto, vale a pena reafirmar aqui o que tornou a *horizontalidad* atraente.

A antipolítica das manifestações é inerente à sua ênfase na tomada de decisões por consenso, à rejeição de todas as hierarquias, à glorificação da ausência de líderes e à valorização da participação por si só. Sua estrutura solta e sua natureza aberta permitem que os protestos se expandam rapidamente, atraindo novas multidões e diferentes setores da sociedade, cada indivíduo trazendo consigo suas próprias queixas e esperanças. A falta de coerência em torno de uma determinada orientação ideológica — e, em muitos casos, até mesmo a ausência de reivindicações políticas claras —, torna essas manifestações abertas a tudo. A experiência de estar lá, "fazendo algo", dando voz às próprias frustrações, tornou-se o aspecto mais importante. Isso, combinado com o compartilhamento de imagens, levou a críticas de que eram protestos narcisistas, mais voltados para "você" e "seus sentimentos" do que para a conquista de objetivos políticos.

O que está claro agora é que o que fez com que esses protestos horizontalistas abertos a tudo fossem capazes de evoluir para manifestações em massa é exatamente o que causou seu fracasso. Quase todas essas revoltas, quando incapazes de superar sua antipolítica, tiveram um de quatro desfechos. No primeiro cenário, os movimentos evaporaram uma vez que as energias iniciais foram esgotadas. A falta de uma organização formal significava que não havia uma força duradoura para sustentar a mobilização, e essa ausência impedia que as novas ideias lançadas pelos movimentos encontrassem uma materialização concreta. Os Gilets Jaunes [coletes amarelos] incendiaram a França por um ano (de novembro de 2018 até o final de 2019), mas acabaram se dispersando. Em outra conjuntura, esses movimentos foram derrotados e a força da repressão dispersou as multidões, como aconteceu na Turquia. Em um terceiro panorama, foram cooptados, já que as vertentes mais antipolíticas do movimento foram aproveitadas por forças mais poderosas — como exemplificado pelo Brasil. Ou, em quarto lugar, e de forma mais trágica, resultaram em guerra civil — veja o caso da Síria ou da Ucrânia.

Nada disso tem como objetivo a defesa de lideranças carismáticas, ou a inserção na política formal do Estado, nem das hierarquias em si; tampouco a diminuição da importância da participação. O objetivo é alertar sobre os perigos de uma antipolítica que rejeita a divisão, a representação e a autoridade política. Para que os movimentos populares vindos de baixo consigam tomar o poder, é indispensável criar estruturas formais de representação. As massas podem sair às ruas com raiva, mas uma democracia pura e direta é insustentável. As recompensas psicológicas da participação — "sentir-se parte de algo" — podem ser universais, mas isso não significa que todos queiram cuidar constantemente das minúcias organizacionais. A classe trabalhadora ainda precisa ir trabalhar.

Os estratos mais politizados que pregam o horizontalismo também se envolvem na abnegação de sua própria autoridade. Em vez de disputar a liderança de um movimento, propondo ideias e permitindo que elas sejam contestadas abertamente, os horizontalistas se escondem atrás de uma fachada hiperdemocrática de consenso e participação constante.

Esse período horizontalista, no entanto, parece ter sido abandonado. O ano de 2011 foi um dos principais momentos do surgimento do Fim da História. As pessoas estavam de volta às ruas e, de repente, parecia que o futuro não era dado como certo, mas mais uma vez aberto — ou ao menos ligeiramente entreaberto. Mas tal foi o efeito da despolitização no período anterior que as pessoas trouxeram consigo para a nova era a mesma mentalidade derrotista. O movimento antiglobalização do final da década de 1990 e início dos anos 2000 pregava mudar o mundo sem tomar o poder, e essa mesma atitude passou a ser replicada no Occupy e em vários outros movimentos. O declínio da confiança na política formal continuou em ritmo acelerado, mas não surgiu nenhuma nova ideologia para derrubar o Estado nem mesmo o status quo. O que tivemos, na verdade, foi uma indignação crua, aliada a um recuo da própria política.

Isso tudo pode parecer coisa do passado, especialmente no norte global. Os fracassos do horizontalismo levaram a um novo reconhecimento do poder e da representação. Os movimentos das praças na Espanha e na Grécia deram origem ao Podemos e ao Syriza. Os Millennials recém-politizados se reagruparam em torno da campanha de Bernie Sanders para presidente e do corbynismo no Reino Unido. Mas a derrota do populismo de esquerda suscita a pergunta: será que a decepção fará com que as correntes de esquerda se afastem das organizações formais, dos partidos políticos, mais uma vez?

5.3 Revolucionismo

Enquanto os horizontalistas desconfiavam da autoridade política a tal ponto que não conseguiram se organizar para obter o poder, o reencontro da esquerda com a política formal levou à adesão ao eleitoralismo e ao reformismo. É claro que não foi a disputa de eleições e a luta por reformas que condenaram o populismo de esquerda. Foi o fracasso em romper com as instituições políticas (com a UE, no caso do Partido Trabalhista de Corbyn e do Syriza; com o Partido Democrata, no movimento de Bernie Sanders).

Em resposta a esses enigmas, há uma linha de pensamento radical que evita a "política" (no sentido das instituições formais do Estado) em favor do "social" — especialmente a insurreição social. Embora secundária na esquerda atual, essa tendência parte do pressuposto de que todo engajamento nas estruturas do Estado — incluindo a tentativa de tomar o poder do Estado — levará à cooptação e à moderação, por meio das quais "o político" passaria a dominar "o social". Essa contraposição do social ao político baseia-se em uma leitura de Marx segundo a qual, por exemplo, as declarações de liberdade, igualdade e fraternidade são apenas máscaras políticas para obscurecer a realidade da exploração em nível social. Em vez de buscar a realização desses valores nas instituições existentes (reformismo), o objetivo seria derrubar essas instituições e transformar as relações sociais, dando início a uma era de verdadeira liberdade.

O que essa perspectiva ignora é a saúde debilitada do "social" hoje em dia. As tendências já exploradas neste livro — despolitização, falta de confiança nas instituições, desorganização social e declínio da participação cívica — também afligem as organizações de base, sejam elas sindicatos, partidos de trabalhadores ou movimentos sociais. O desejo revolucionista de derrubar o político acaba sendo, nas condições atuais, uma proposta insurrecional em vez de revolucionária. Assim, fechamos o círculo, voltando à antipolítica.

Essa tendência pode ser ilustrada com o exemplo concreto do Brexit. O argumento radical para a saída britânica da UE baseou-se na ideia de ruptura com uma instituição pós-política que buscava excluir a política. A UE influencia as relações políticas dentro do Estado-nação, assim como gerencia as relações entre eles. Em primeiro lugar, a ruptura devolveria o poder aos parlamentos nacionais — mais representativos do que as instituições da UE — e, em segundo lugar, provocaria mais reformas democratizantes dentro dos Estados-nação, uma vez que o pilar da despolitização da UE fosse removido.

Para os revolucionistas, a ideia de um parlamento nacional "mais democrático" era apenas mais uma tolice reformista, uma tentativa de enobrecer as instituições burguesas e encerrar a política no Estado-nação extinto. Na presença de um movimento revolucionário militante e organizado da classe trabalhadora, essa posição poderia ser realista e intensamente política. Em nossas circunstâncias, ela só pode ser um beco sem saída incapacitante que abandona a tarefa de democratizar a sociedade e o Estado em favor de um evento final apocalíptico que surgiria *ex nihilo*.[18]

A questão aqui não é descartar a revolução e sim que os baixos níveis até mesmo da militância sindical básica, quanto mais dos movimentos revolucionários, indicam que o horizonte da revolução desapareceu do campo de visão. O desafio atual é não ser ingênuo nem cínico. Aqueles que sabem muito pouco agem como se a democracia parlamentar pudesse levar ao socialismo; bastaria apenas que a coalizão certa pudesse ser formada, que apenas um percentual eleitoral de 51% das eleições fosse alcançado. Significa esquecer as muitas lições do passado em que isso fracassou. De fato, esses fracassos do passado foram, pelo menos, apoiados por um grau mais alto de organização social do que o atual. O caminho cínico é, talvez, saber demais. Com a consciência desses fracassos, decide-se que toda participação em política formal está condenada e que a sociedade não deveria se envolver em política. A politização radical precisa navegar entre os precipícios do cinismo e da ingenuidade.

5.4 O derrotismo da esquerda

O fracasso dos movimentos horizontalistas de "poder popular" na primeira metade da década de 2010, seguido pela derrota do populismo de esquerda na segunda metade, gerou um derrotismo. Diante dos repetidos avanços populistas em toda a Europa, mas incapaz de usar o populismo para seus próprios fins eleitorais, a esquerda, em alguns casos, voltou à atitude derrotista que prevaleceu durante o Fim da História. Na Grã-Bretanha, o efeito combinado do Brexit e a derrota retumbante do Partido Trabalhista de Corbyn nas urnas no final de 2019 levaram a uma reação tristemente previsível: a esquerda liberal descartou as massas como irremediavelmente reacionárias ou, pelo menos, manipuladas pela mídia conservadora.

Já em 2017, Eliane Glaser, citada no Capítulo 3 como oponente ostensiva da antipolítica, declarou que, devido ao Brexit:

> ficou abruptamente claro que a democracia direta não é necessariamente melhor; que o majoritarismo tem problemas inerentes que não antecipamos, porque — assim como a vasta maioria dos comentaristas surpreendidos pelo populismo de direita — todos estavam presumindo que bastava dar mais poder ao povo e tudo ficaria bem. Não é necessariamente uma situação mais progressista se mais pessoas votam e elas são, em sua maioria, de direita, e "a vontade do povo" equivale a permitir a exploração e o desempoderamento.[19]

O espectro do majoritarismo, em vez de ser um terror para o *establishment* e uma inspiração para a esquerda, acaba assustando ambos. A alardeada propaganda da esquerda institucional sobre os 99% ou "os muitos", a insistência na corrupção das instituições existentes, a necessidade de ruptura e o fim do neoliberalismo... Tudo isso se mostrou serem palavras vazias. Recorre-se então a vários *dei ex machina* para salvar a esquerda. A crise da covid-19 é apenas o mais recente exemplo disso.[20]

As mudanças demográficas são um escape preferido. A esquerda institucional, confrontada com o fato de que as pessoas com menos de 35 anos votaram esmagadoramente nos trabalhistas no Reino Unido, ou com a avaliação positiva da Geração Z em relação ao "socialismo" nos EUA, ou o apoio plural ao Partido Verde alemão entre as pessoas com menos de 25 anos, deposita suas esperanças na morte das gerações mais velhas para gerar a maioria demográfica necessária. Uma versão alternativa vê a etnia, e não a política geracional, empurrando-nos para o destino demográfico. Nos EUA, o encolhimento relativo da maioria branca e o crescimento dos eleitores latinos levam à crença de que uma "onda azul" está logo ali.

Não é preciso dizer que isso não é garantia de sucesso: os jovens, quando envelhecem, podem perfeitamente tornar-se conservadores, assim como os latinos de qualquer idade. Mais importante ainda, abandona-se a politização aos caprichos de fatores objetivos que nem mesmo estão diretamente relacionados à classe. Em vez de tentar conscientizar as pessoas sobre a maneira como o mundo funciona, sobre o poder imanente que os trabalhadores têm (mas não conseguem exercer), eles confiam no lento progresso do tempo para fazer o trabalho. A esquerda que surgiu no período entre a crise financeira global e a crise da covid-19 adotou estratégias pós-políticas de colocar as pessoas em caixas, segmentos de marketing, que crescem ou diminuem devido a fatores impessoais. Nenhuma discussão é vencida, nenhum trabalhador é organizado e a classe é abandonada em favor da identidade geracional ou étnica.

Uma saída semelhante é refugiar-se na subcultura de esquerda. Sob esse aspecto, os esquerdistas se isolam em fortalezas nos núcleos urbanos metropolitanos, tentando manter defensivamente a integridade de um âmago ético. Uma coalizão de graduados universitários e alguns membros da classe trabalhadora multiétnica se vê incapaz de expandir-se para a classe trabalhadora em regiões deprimidas. A história é a mesma nos EUA, na Grã-Bretanha e em grande parte da Europa Ocidental. Essa abordagem divide a classe trabalhadora em linhas quase morais — aqueles que continuam votando na esquerda institucional (os bons) e aqueles influenciados pelo populismo de direita (os maus). Essa é apenas outra forma de política de identidade, mas em vez de marcadores de características atribuídas (raça, gênero etc.), são adotados os político-culturais em seu lugar. Ela é precisamente *anti*política porque, em vez do impulso universalizante da politização, encontramos uma lógica de guerras culturais. De acordo com essa linha de pensamento, os campos estão posicionados em dois lados, nos quais gostos, hábitos, origens e preferências políticas estão alinhados. Em vez de se unirem na luta de classes, com sua capacidade de superar as diferenças individuais e de grupo, as diferenças têm precedência.[21]

5.5 Antipolítica de cima para baixo

O surgimento de um sentimento antipolítico generalizado criou uma oportunidade para os antipolíticos usarem essa raiva em seu benefício. Na maioria das vezes, essa tentativa é conhecida como populismo. É uma arma disponível tanto para as elites políticas tradicionais quanto para as novas elites em ascensão.

No Reino Unido, onde o Brexit ameaçou — mas acabou não conseguindo — destronar a classe política, as elites mais tradicionais se beneficiaram. Ainda em junho de 2016, o secretário de Justiça do Partido Conservador, Michael Gove — deputado desde 2005 e várias vezes ministro do gabinete e ministro-sombra [na oposição] — foi desafiado a citar economistas que fossem a favor da saída da UE. Recusando-se a fazê-lo, declarou que "as pessoas neste país já estão fartas de especialistas". Mais do que apenas uma tática oportunista utilizada no momento, essa abordagem viria a influenciar a surpreendente vitória de Boris Johnson em dezembro de 2019.

Diante da raiva pelo impasse do Brexit — e confrontados por um Partido Trabalhista que não conseguiu se comprometer totalmente em cumprir o resultado do referendo, antes de se posicionar fatalmente a favor de um segundo referendo — os conservadores de Johnson conseguiram vitórias históricas nos redutos trabalhistas dos círculos eleitorais pós-industriais em declínio das regiões norte e centro do país. Aliada a promessas de maiores gastos estatais, os conservadores prometeram "levar o Brexit a cabo", o que foi, ao mesmo tempo, um ato de se apropriar da revolta populista em torno do Brexit e um meio de neutralizar seu potencial (um ato de pós-política). Caracterizado erroneamente como um Trump britânico, o patrício Boris Johnson não é um antipolítico. Seu Conservadorismo de Uma Nação renovado representa, ao contrário, uma tentativa de capturar energias antipolíticas (frustração e exaustão com o Brexit e, por extensão, com toda a classe política) para obter ganhos eleitorais, ao mesmo tempo em que fornece as bases para a relegitimação da classe política britânica. Levar o Brexit a cabo comportaria, portanto, uma situação explosiva.

Em outros lugares, os antipolíticos surgiram de origens menos tradicionais e apresentaram desafios mais sérios ao *establishment* político, mantendo, ao mesmo tempo, as operações do capitalismo neoliberal em vigor. É notável a quantidade de líderes "populistas" contemporâneos oriundos de contextos culturalmente periféricos, e não dos meios tradicionais da elite política — embora raramente da própria classe trabalhadora.

Jair Bolsonaro pode ter sido congressista por sete mandatos consecutivos antes de se tornar presidente, mas suas origens políticas são as de um capitão do exército cujas posições se mostraram radicalmente de direita até mesmo para o *establishment* militar anticomunista brasileiro. Bolsonaro foi criado em uma cidade pequena, filho de um dentista sem licença — não exatamente sal da terra, mas muito longe do histórico da elite política tradicional do Brasil. Viktor Orban nasceu em uma família de classe média em uma cidade rural pequena e pobre, onde quase não se lia livros nem jornais. Inicialmente um liberal, seu encontro com a *intelligentsia* tradicional de Budapeste foi negativo. Os literatos foram condescendentes com o rude Orban, uma experiência que provocou sua ruptura com o liberalismo. Recep Tayyip Erdogan é filho de um capitão da Guarda Costeira turca que dividiu sua infância entre um bairro pobre de Istambul e uma distante cidade provinciana na costa do Mar Negro. Ao contrário da elite intelectual e política tradicionalmente secular de Istambul, Erdogan frequentou uma escola secundária vocacional religiosa e sempre usou seu conservadorismo religioso para apelar para as províncias.

O fato de que esses líderes consigam vender suas biografias pessoais como prova de sua condição de *outsider* se deve a uma alteridade cultural e não de classe. Eles são de classe média, mas raramente vêm da capital ou da metrópole, nunca são descendentes de elites políticas, culturais ou intelectuais e, muitas vezes, têm atitudes culturais mais conservadoras do que as últimas. Essa experiência formativa é a pedra angular de seu apelo popular, independentemente do que possam dizer e fazer. Embora a ascensão à elite econômica seja uma perspectiva distante para muitos, tornar-se parte da elite cultural talvez seja ainda menos imaginável, especialmente nas províncias (é possível, quem sabe, tornar-se milionário, mas "encaixar-se" é outra história). Esse senso de exclusão pode fornecer a matéria-prima para uma proposta antipolítica: "Eu também sou um *outsider* rude, uso uma linguagem crua, nego-me a seguir códigos estabelecidos e não sou limitado pelas restrições da política tradicional".

É por essa razão que as reclamações por parte da esquerda afirmando que "esses não são realmente *outsiders*, pois defendem interesses econômicos poderosos", por mais verdadeiros que sejam, muitas vezes não funcionam. Sim, o populismo de direita geralmente não é antissistêmico. E os populistas de direita também não conseguem depender do apoio majoritário da classe trabalhadora em muitos casos. Mas eles conseguem conquistar parcelas dessa classe por causa de sua postura de oposição em relação às elites políticas tradicionais. Enquanto isso, grande parte da esquerda continua a se identificar com as elites culturais e, portanto, luta para falar e moldar as energias antipolíticas.

Na verdade, é esse último fato que explica por que são os liberais de esquerda os que atraem a maior ira populista. Esse grupo ideológico é o mais ligado aos códigos formais da política, à mídia como instituição, ao aparato legal do Estado e, acima de tudo, a fornecer orientação moral secular à sociedade. Os liberais de direita (ou neoliberais) são muito mais cínicos, ligados apenas ao mercado. Isso explica por que são alvo menos frequente da antipolítica (porque eles são relativamente apolíticos). É também, na raiz, o motivo pelo qual os neoliberais se aliam prontamente aos populistas de direita ou os toleram: nenhum deles representa uma ameaça mortal à autoridade do outro. E assim, uma contraelite pode assumir o controle do governo, mas nada muda substancialmente.

5.6 Esquerdista demais, populista demais

A antipolítica, portanto, continua a encontrar becos sem saída. Não vivemos em uma era de massas. Se vivêssemos, o desmoronamento de longo prazo dos sistemas partidários nas democracias liberais ocidentais — e o colapso mais recente da ordem neoliberal — levaria a insurreições. A antipolítica poderia se tornar uma revolução.

Na ausência de participação em massa, a antipolítica vinda de baixo tem um caráter efêmero. Surgem protestos, enviam-se tweets, batizam-se novos movimentos... e então desaparecem. As energias podem então ser absorvidas por outras forças. A tecnocracia pós-política pode tentar substituir os políticos corruptos por juízes. Os nacionalistas autoritários podem apontar o dedo para o partidarismo ou para a sociedade civil liberal, com medidas de repressão em seguida. De qualquer forma, as revoltas antipolíticas, que denunciam a falência da classe política, terminam em mais um fechamento político. O "vazio" entre a sociedade e o Estado é disfarçado.

As tentativas populistas de esquerda também fracassaram — elas se mostraram, ao mesmo tempo, esquerdistas demais e populistas demais.[22] Muito associadas à "esquerda" para incorporar adequadamente diferentes segmentos da população, elas não conseguiram se beneficiar do colapso dos sistemas partidários que têm sido hegemônicos desde o final da Segunda Guerra Mundial. Enquanto isso, eles também se mostraram populistas demais: resistiram à formalização de organizações e estruturas para atuar como canais para a vontade popular. Além disso, ao resistir ao alinhamento ideológico-classista tradicional, eles provaram ser dissonantes. E, embora os casos variem de país para país (a Grécia viu uma mobilização de massa genuína, que levou o Syriza ao poder), a dominação contínua das tentativas populistas de esquerda por ativistas e lideranças da classe profissional-gerencial fez com que as visões de mundo e os interesses dessa parcela da sociedade prevalecessem.

A antipolítica não está desaparecendo. Ela surgiu e floresceu em uma era pós-ideológica em que o declínio de longo prazo na confiança nas instituições políticas chegou ao auge. As tensões do colapso da ordem neoliberal e a crescente desigualdade geram raiva e frustração. Como consequência, a rejeição da ordem atual se vincula aos detentores mais visíveis do poder e da autoridade: a classe política.

Os *establishments* políticos e os setores da classe média que têm se beneficiado e se acomodado ao Fim da História correm para defender a "política". Assim, o termo é ainda mais manchado pela associação da "política" com a "pós-política" oca e antidemocrática. Isso gera reações ainda mais furiosas. Para sair desse ciclo, os movimentos populares precisam se reconciliar com a representação e a autoridade política. De fato, a rejeição de uma elite política que nega sua própria autoridade, que permanece no comando, mas finge não estar, deve ser um estímulo para que as massas assumam elas mesmas o manto da autoridade política.

Capítulo 6

Itália: País do Futuro

A Itália não entrou de mansinho no Fim da História, mas mergulhou de cabeça. No final da Guerra Fria, eventos domésticos e regionais se combinaram para romper os arranjos que haviam sido estabelecidos na Itália desde o fim da Segunda Guerra Mundial. Em nenhum outro lugar do mundo a transição para o Fim da História foi mais abrupta — se desconsiderarmos as sociedades onde o socialismo real existente entrou em colapso da noite para o dia — do que na península italiana.

Em 1991, o Partido Comunista Italiano, outrora o maior partido comunista do Ocidente — chegando a ter 2,3 milhões de membros após o fim da Segunda Guerra Mundial e conquistando mais de um terço dos votos em meados da década de 1970 — decidiu dissolver-se e tornar-se o *Partito Democratico della Sinistra* [Partido Democrático da Esquerda] (PDS). Mesmo em sua dissolução, ainda mantinha quase 1 milhão de membros. De repente, os democratas-cristãos, que haviam governado a Itália quase ininterruptamente durante a Primeira República (1948–1992), ficaram sem seu propósito fundamental — o anticomunismo.

A Itália, a partir de então, desejava tornar-se um "país normal". Sem mais comunismo, terrorismo, máfia, corrupção ou desordem. Essa aspiração implicava igualmente uma mudança no modelo econômico da Itália. Antes da era da globalização, o país tinha um dos Estados mais intervencionistas do Ocidente, com grande parte da economia controlada pelo conglomerado estatal denominado *Istituto per la Ricostruzione Industriale* [Instituto para a

Reconstrução Industrial] ou IRI. Instituído originalmente sob o fascismo, teve um papel importante no boom da Itália do pós-guerra, compensando a falta de uma burguesia forte em um país dominado por pequenas empresas familiares. Uma etapa importante para essa mudança foi a adesão à União Monetária Europeia. Para que isso acontecesse, o país precisava atender aos Critérios de Convergência estipulados no Tratado de Maastricht, assinado em 1992. As diretrizes estabelecidas incluíam baixa inflação, baixas taxas de juros, uma moeda estável, um déficit orçamentário limitado e uma redução na dívida nacional. A Itália só tinha uma opção disponível: cortes nos gastos públicos e flexibilização dos mercados de trabalho. A Itália ajustou-se às demandas da globalização, mediadas pela integração regional europeia.

Assim como nos demais países europeus à época, a sociedade italiana estava se tornando cada vez mais mercantilizada, seguindo o modelo dos Estados Unidos. O consumismo privatizado explodiu e a cultura visual superou a palavra escrita. A televisão, antes restrita à tediosa programação da RAI, a emissora estatal, de repente passou a ter concorrentes privados que ofereciam um serviço muito mais sofisticado. Por trás desse desenvolvimento estava um ex-magnata do setor imobiliário cujo império empresarial passara a incluir publicidade, jornais, editoras e times de futebol, além da TV: Silvio Berlusconi. Seu objetivo declarado era levar entretenimento, publicidade e bens de consumo aos lares dos cidadãos.[1]

Em 1992, alguns magistrados de Milão começaram a investigar a corrupção política no Partido Socialista Italiano, de centro-esquerda. A investigação foi liderada por uma seção aguerrida do judiciário que buscava limpar de vez a política e que se via como o coração moral da Itália em oposição ao capital inescrupuloso de grande parte da burguesia e seus cúmplices na política. A investigação, batizada de *Mani Pulite* (Mãos Limpas), logo se estenderia de forma espetacular, revelando um sistema corrupto que passou a ser chamado de *Tangentopoli*, ou, como uma aproximação, Propinópolis. Isso levou à queda de vários industriais e políticos, da direita à centro-esquerda, muitos dos quais foram presos, acusados e condenados. O poderoso chefe do Partido Socialista e amigo de Berlusconi, Bettino Craxi, acabaria se exilando na Tunísia para não enfrentar as acusações. No final da campanha

Mãos Limpas, as investigações resultaram em veredictos de inocência em apenas 14% dos casos. É difícil expressar adequadamente quão impactante foi a cruzada anticorrupção.

As coisas mudaram rapidamente. Em 1993, a Itália obteve seu primeiro — embora longe de ser o último — governo de especialistas técnicos. Nas eleições de 1994, todos os principais partidos que compunham aquele governo tecnocrático foram dissolvidos. Dos maiores partidos, apenas os antigos comunistas em seu novo formato — o PDS — permaneceram intactos. Com a indignação em relação à corrupção ainda fervendo, eles pareciam preparados para vencer as eleições de 1994.

Mas, na reta final, um partido completamente novo, formado e lançado com a ajuda das mais avançadas técnicas de marketing político da época, varreu o cenário em uma improvável coalizão de direita. Silvio Berlusconi se tornou primeiro-ministro como líder de seu recém-criado partido, o *Forza Italia*, com a ajuda de um partido pós-fascista que ainda idolatrava publicamente Mussolini (a Aliança Nacional) e de um partido separatista com sede no norte da Itália (Lega Nord) que promovia a xenofobia, o racismo, a anticorrupção e o ódio contra o *establishment* político baseado em Roma.

No entanto, a popularíssima campanha anticorrupção liderada pelo judiciário não conseguiu reavivar a moral da república da maneira que desejava. Tampouco rompeu o aconchegante nexo político-empresarial que havia se tornado uma característica do capitalismo italiano e que, até então, ninguém ousara tocar, temendo entregar o Estado italiano de bandeja aos comunistas. O que aconteceu, em vez disso, foi um vácuo político onde antes se encontravam os partidos de massa dos Democratas Cristãos e do Partido Socialista, um vácuo que acabaria sendo preenchido por um carismático bilionário magnata da mídia, um conglomerado político-empresarial de um homem só. Embora o governo eleito em 1994 tenha caído pouco depois, Berlusconi dominaria as décadas seguintes de uma maneira que nenhum outro indivíduo jamais havia dominado na história italiana.

O partido de Berlusconi foi uma criação inédita. Seu nome (aprovado por um grupo de foco) era um cântico de futebol ("Força Itália!"). A organização foi criada em salas de reuniões elegantes como um veículo eleitoral para seu líder. Cinquenta dos parlamentares do partido, quando este entrou no legislativo pela primeira vez, eram funcionários da Publitalia, o braço publicitário da Mediaset, a empresa de mídia de propriedade de Berlusconi. Não havia democracia interna no partido nem base de apoio; existia apenas em função da TV. Não era um partido político como os que conhecíamos até então. Era um "partido empresarial" ou "partido como empresa". Sua coerência dependia exclusivamente da figura carismática que estava no lugar mais alto da hierarquia. "Nós, deputados do *Forza Italia*, não temos um líder, mas um chefe", explicou um ex-parlamentar que havia se filiado ao partido porque parecia oferecer uma Democracia Cristã modernizada, mas posteriormente se tornou um crítico.[2]

O primeiro governo de Berlusconi caiu depois de apenas alguns meses, motivado pela insatisfação do parceiro de coalizão, a Lega Nord. Em um momento emblemático da época, as principais forças de todo o espectro político (a populista e separatista Lega, o centro-esquerda PDS e os antigos democratas cristãos do Partido Popular) fizeram um pacto para evitar novas eleições e colocar um governo tecnocrático no poder que pudesse, entre outros objetivos, aprovar cortes nas aposentadorias.[3] Para os ex-comunistas, em particular, esse momento se mostrou simbólico, pois a centro-esquerda (como era chamada agora) começou a se aproximar da centro-direita neoliberal, mobilizando-se sob as bandeiras da racionalização, da redução da burocracia e da limpeza do governo.

O gabinete técnico formado na época permaneceria no poder até as eleições de 1996, vencidas pela centro-esquerda. Sob a liderança de Romano Prodi, apelidado *Il Professore* [O Professor] — por sua atuação como professor de economia, além de ter sido consultor do Goldman Sachs e, posteriormente, presidente da Comissão Europeia — a coalizão *Ulivo* [Oliveira] governaria até 2001. Naquela época, o *Forza Italia* havia atingido 300 mil membros, mas isso não significava que era um partido democrático e de massas. Não tinha processos fixos de tomada de decisão e seus chefes regionais eram nomeados pelo homem no topo. Berlusconi voltou ao poder em 2001 e governou até 2013, tornando-se o primeiro-ministro que ocupou o cargo na Itália pós-guerra por mais tempo. Durante esse período, seu partido não se tornou nem mais orgânico nem mais democrático. De fato, em 2007, o *Forza Italia* mudou o nome para *Popolo della Libertà* [Povo da Liberdade], sem qualquer consulta aos membros e afiliados.

Então, se os cidadãos agora deveriam ser receptores passivos da política, em vez de participantes ativos, o que eles estavam recebendo? Ou melhor, o que Berlusconi estava vendendo? A rigor, era a *liberdade*, como seus vários veículos eleitorais enfatizavam repetidamente (o Polo das Liberdades, a Casa das Liberdades, o Povo da Liberdade). Mas essa era uma liberdade exclusivamente negativa, a liberdade de ser deixado em paz, de perseguir prazeres consumistas e de ser absolvido de quaisquer responsabilidades cívicas. Era explicitamente antiesquerda, mas também se distinguia da antiga direita tradicionalista, reorientando seu foco para a modernidade, a eficiência e o dinamismo. Isso atraiu um setor da sociedade que poderia ser chamado de classe média empreendedora, cujos objetivos eram reformas e liberalização do mercado e que queriam que o Estado tivesse menos peso em suas vidas.

O grande número de pequenas empresas, firmas familiares e lojas de família na Itália proporcionou a base social, para a qual o estado tributário representava um adversário. A ênfase tipicamente neoliberal de Berlusconi no privado em detrimento do público e no flexível em detrimento do inflexível (ou burocrático) ressoava com essa classe média. Ele também criticava o judiciário, pois, embora tenha se beneficiado da campanha anticorrupção que dizimou a velha classe política, Berlusconi aproveitava-se de um apreço popular pela flexibilização das regras. O pequeno empresário podia odiar a corrupção entre políticos e grandes empresas, mas ele também precisava sobreviver; inspetores excessivamente rigorosos também eram um impedimento à sua liberdade.

Berlusconi, no entanto, não apresentava apenas uma face, a de um empresário dinâmico e moderno que buscava políticas pró-mercado. Havia também um grande grau de patrimonialismo, ou seja, quando a administração política "é tratada como um assunto puramente pessoal do governante, e o poder político é considerado parte de sua propriedade pessoal, que pode ser explorada por meio de contribuições e taxas".[4] Berlusconi era um magnata da mídia que utilizou seu império de negócios para a política.

Os pilares de sua administração eram sua autoridade e carisma, as ambições expansionistas que alimentavam o crescimento de seu império, os caprichos arbitrários do homem como patrono e a reciprocidade de favores.[5]

Devemos resistir à tentação de perceber esses elementos por meio dos estereótipos de mafiosos italianos. A comparação mais adequada seria com homens como Michael Bloomberg nos EUA, ou Thaksin Shinawatra na Tailândia, ambos empresários riquíssimos que se tornaram políticos. Na verdade, essa foi a era dos magnatas da mídia. Rupert Murdoch no mundo anglófono ou Roberto Marinho e seus herdeiros no Brasil são figuras comparáveis, com a diferença de que buscaram governar apenas indiretamente. Na verdade, o francês Bernard Tapie — magnata dos negócios, apresentador de TV, dono de clube de futebol e político — seria a comparação mais precisa, embora o sistema judiciário francês tenha interrompido a carreira de Tapie. Pode-se especular o que teria sido da França se Tapie tivesse continuado sua ascensão.

Embora seja claro que o patrimonialismo corrompe a democracia, é fundamental lembrar que tudo isso foi apresentado como uma nova política, caracterizada pela novidade, o sucesso e a eficiência, em contraposição ao antigo *establishment* corrupto. A centro-esquerda se mostrou incapaz de obter uma base sólida, exceto por duas breves interrupções ao governo de Berlusconi, nas quais Romano Prodi formou um governo. A centro-esquerda se viu em uma contradição. Não podia desafiar fundamentalmente os preceitos neoliberais da nova política, porque havia concordado com eles. Em vez disso, concentrou-se na grosseria e impropriedade de Berlusconi.

A base política da centro-esquerda naquela época era o que poderia ser chamado de "classe média cívica". Foi nessa parcela da sociedade que *Il Cavaliere* [O Cavaleiro] enfrentou a maior oposição. Eles defendiam a racionalidade e as virtudes republicanas, preservando a esfera pública dos interesses privados. Protestos de rua como o de 2002, quando centenas de milhares de pessoas saíram com narizes de Pinóquio para zombar do primeiro-ministro, mobilizaram funcionários do setor público, estudantes e a classe média profissional. As bandeiras da oposição — defesa do judiciário e das instituições públicas, bem como da democracia, do consumo responsável e dos valores cívicos — nunca conseguiriam derrubar Berlusconi no decorrer de seus mandatos.

É bem possível que isso tenha ocorrido porque o sucesso eleitoral de Berlusconi não se baseava apenas no gerencialismo neoliberal ou em antigas relações clientelistas, mas em um tipo específico e novo de populismo. Ele adotava um estilo de governo especialmente personalizado, enraizado em sua imagem de empresário bem-sucedido, um showman e um homem comum, tudo ao mesmo tempo. A televisão foi essencial para essa projeção, um meio capaz de apagar as fronteiras entre a realidade e os sonhos. Aqui estava a política usando as ferramentas da cultura da celebridade: figuras que você não conhece pessoalmente, mas às quais se sente intimamente ligado; a celebridade é ao mesmo tempo super-humana e comum.

A personalização da política permitiu que Berlusconi parecesse dinâmico e determinado, um homem com soluções. Em 2011, destaca-se o período em que milhares de refugiados da África desembarcavam todos os meses na ilha italiana de Lampedusa, quando Berlusconi declarou: "Prometo que dentro de três dias não haverá mais imigrantes nesta ilha". Ele acrescentou, em uma suposta demonstração da seriedade de suas intenções e de confiança em seu próprio sucesso, que ele mesmo havia acabado de comprar uma casa na ilha.[6]

A confiança popular em Berlusconi não era "política" em nenhum sentido tradicional. Não era uma lealdade baseada na fidelidade a uma ideologia ou à prática de valores políticos. Havia inclusive relativamente poucas referências em seu discurso tanto aos valores da esquerda (solidariedade, bem-estar) quanto da direita (ordem, identidade nacional, tradição). O que havia, sim, era uma antipolítica do cotidiano. Berlusconi projetou noções de interesse imediato, sucesso, diversão permissiva e satisfação. Seu público era dispensado das responsabilidades cívicas tradicionais, enquanto sua impropriedade e exibição de preconceitos eram, antes que uma falha, evidências de que ele era como você e eu. Até mesmo suas transgressões jurídicas podiam ser entendidas como uma concessão de autorização: você também tem "liberdade especial".[7]

Na nova república da Itália, as antigas lealdades haviam desaparecido. As duas culturas que haviam dominado a vida italiana por décadas — uma comunista e a outra católica — cada uma com seus conjuntos de organizações locais, instituições e partidos políticos, não existiam mais. O que essas culturas haviam compartilhado era um senso de solidariedade social, expresso na forma de bem-estar social ou caridade. Em seu rastro, foram-se as atitudes culturalmente conservadoras; em seu lugar, veio o individualismo. Nessa "democracia de auditório"[8] cada vez mais passiva e atomizada, com os italianos confiando pouco em suas instituições políticas, a televisão passou a mediar a política. E isso significava que havia somente um vencedor, pois, como disse o historiador Paul Ginsborg, "a televisão é Berlusconi".[9] Enquanto a centro-esquerda se mobilizava em torno de instituições cada vez mais desacreditadas e desconceituadas — e das virtudes cívicas que elas exigiam dos cidadãos — Berlusconi simplesmente dizia: "você pode".

Até o início dos anos 2000, era pertinente perguntar se *Il Cavaliere* seria um protótipo ou apenas uma exceção. Em 2011, um estudo sobre o novo estilo de política inaugurado por Berlusconi concluiu que ele era, de fato, um protótipo.[10] Provavelmente mais cedo do que qualquer outro político — ou, no mínimo, de forma mais decisiva — Berlusconi sintetizou essa nova política. É possível afirmar que o ex-chanceler alemão Gerhard Schroeder, o ex-presidente dos Estados Unidos Bill Clinton, o candidato à presidência desse país em 1992 Ross Perot, o ex-primeiro-ministro do Reino Unido Tony Blair, o ex-governador da Califórnia Arnold Schwarzenegger, o populista holandês assassinado em 2002 Pim Fortuyn, o ex-presidente francês Nicolas Sarkozy, todos, encarnam a celebridade, a personalização e a mercantilização da política exibida na Itália no Fim da História. No entanto, nenhum deles condensou tantas características cruciais em uma única pessoa e projeto político.

O partido startup administrado com base em um modelo empresarial, o uso da TV e da política de celebridade, a apropriação simultânea da anticorrupção e da corrupção, a antipolítica do cotidiano, a projeção do sucesso nos negócios como um atributo fundamental, tudo isso está agrupado no projeto de Berlusconi. Além disso, o populismo havia se tornado, não apenas na Itália, mas em todas as democracias consolidadas, "a forma hegemônica da própria política democrática".[11]

De fato, não foi apenas Berlusconi que serviu como protótipo para a política do Fim da História. Foi a própria Itália. Mas se "protótipo" sugere muito em termos de design consciente, então talvez a Itália tenha sido um *augúrio* (adequadamente de origem romana). A Itália antecipou o futuro das "democracias avançadas" no Fim da História.

O colapso da velha política da era pós-guerra foi particularmente abrupto na Itália, sob a força da *Mani Pulite* (Operação Mãos Limpas). A decomposição dos blocos históricos de direita e esquerda foi rápida. Se hoje a política nacional contemporânea por toda a Europa é marcada pela queda da parcela de votos dos blocos de centro-esquerda e centro-direita para menos de 50%, quando antes representavam uma imensa maioria, foi na Itália que os antigos arranjos se desintegraram primeiro e mais rápido. O que tomou o lugar deles foi uma política institucional isolada da participação das massas. Já em 1997, um estudioso descreveu o Estado italiano como "oco mas com uma casca dura": oco, porque a sociedade civil lutava para que seus interesses fossem representados pelo Estado; duro, porque as capacidades do Estado em áreas como imigração ou lei e ordem permaneceram e, na realidade, foram fortalecidas.[12] No nível das ideias, também, a política não era mais dividida em linhas ideológicas e de classe; era debatida em torno de objetivos "compartilhados" de racionalização e eficiência, de preparar a Itália para competir no mercado europeu e global. A nova política de anticorrupção teve sua primeira exibição na Itália, com a visão dos poderosos sendo presos se tornando um espetáculo moralizado. A prática da "guerra jurídica" — o uso de alegações de corrupção para perseguir fins políticos — também foi testada nesse país antes de ser replicada em outros lugares. De fato, bem antes de Trump começar a alardear seu slogan "Lock her up" ["Prendam-na", em referência à candidata à presidência dos EUA Hillary Clinton], esse modelo de política anticorrupção espetacular teve sua trágica reencenação no Brasil entre 2014 e 2018, seguindo à risca o roteiro italiano.[13]

O desejo da Itália de tornar-se um "país normal", modernizando-se de acordo com aquilo que invejava nos países do norte, acabou coincidindo com a perda de seu futuro. O país está estagnado há duas décadas. O crescimento econômico está estagnado desde 2000, e seu PIB per capita é um pouco menor hoje do que há 20 anos. As baixas taxas de fertilidade e a emigração dos jovens fizeram com que o número de cidadãos italianos que vivem na Itália caísse para 55 milhões pela primeira vez em 90 anos. A Itália agora comercializa a herança de seu passado; é um museu vivo.

As preocupações com o declínio, especialmente em termos demográficos, podem ser um importante fator na hostilidade do país em relação à imigração. Pesquisas mostram regularmente que o país está na parte inferior da tabela em termos de atitudes positivas em relação aos imigrantes, ao lado de países como a Grécia e a Hungria — ambos também com baixas taxas de natalidade e altas taxas de emigração. Esse fato forneceu às forças xenófobas a matéria-prima para promover políticas racistas. E, preso à zona do euro como está, sobrecarregado por altos níveis de dívida, o país não tem caminhos institucionais para se libertar de sua crise histórica.

A estagnação econômica e o declínio demográfico são uma história europeia atual. Mas na Itália, essas tendências estavam presentes muito antes, assim como suas consequências políticas. A Lega Nord chegou ao governo pela primeira vez com Berlusconi, em 1994, promovendo um populismo xenófobo e antipolítico. O fato de ela ter se encontrado novamente no governo em 2018 não deveria ser considerado um choque histórico. Nesse ínterim, na verdade, a Itália viu até mesmo um populismo de centro-esquerda, baseado na tentativa de Matteo Renzi de tornar o Partido Democrático "centrado no líder" (Renzi chegou a ser descrito como um "Berlusconi da esquerda"). Houve também o surgimento de um partido populista "puro" na forma do Movimento Cinco Estrelas, que formaria um governo em 2018 junto com a Lega (à época não mais um partido regionalista). No final, foi uma pertinente ironia da história o fato de que a tentativa de Berlusconi de candidatar-se como *antipopulista* em 2018 tenha encontrado pouco apoio. Depois de ter preparado o terreno para a condução da política formal de maneira populista, ele se viu superado 25 anos depois.[14]

Uma dimensão final do *augúrio* italiano do Fim da História é identificável em uma relação interna e estrutural: a divisão entre o Norte e o Sul do país. A aceitação dessa desigualdade histórica como uma realidade permanente sinalizou o fim do Estado desenvolvimentista e sua substituição por um Estado neoliberal. Além disso, coloca a Itália em uma posição ambígua em relação ao "núcleo" europeu de países como a Alemanha e a Holanda. A Itália, desde o início um membro central nos esforços de integração europeia, hoje é vista como parte da periferia europeia, apesar de seu norte pertencer indiscutivelmente ao núcleo europeu avançado. O país pode ser desacreditado como sendo o lar do patrimonialismo, do clientelismo, da corrupção e do atraso geral na política, na economia e na sociedade. Esses, porém, são os mesmos termos usados pelo Norte do país para desacreditar o Sul. Existe até uma palavra para isso, "mezzogiornificação" (em alusão ao *Mezzogiorno*, o Sul italiano), que significa o processo pelo qual regiões ou países se tornam economicamente atrasados e dependentes em relação aos mais ricos e industrializados. Portanto, dentro da Itália há uma contradição — núcleo e periferia — que se manifesta em todo o continente europeu e, na verdade, no mundo.

Porém, mais uma vez, a Itália se mostra como o país do futuro. A divisão Norte–Sul encontra cada vez mais eco nas disparidades regionais em outros Estados-nação. Veja, por exemplo, o papel que ela desempenhou no Brexit ou na eleição de Trump. E imagens espelhadas também são encontradas em diferentes regiões. Práticas políticas retrógradas, como o patrimonialismo, em que a autoridade política é ampliada por meio de relações interpessoais, e o clientelismo, em que a lealdade à liderança é oferecida em troca de proteção e favores, parecem ter se infiltrado na política "moderna". A dependência do governo Bolsonaro em relação à lealdade pessoal, exemplificada pelo engajamento dos filhos do presidente e a nomeação de extremistas de direita para cargos ministeriais, poderia ser rejeitada como sendo reflexo do atraso de um país na semiperiferia do capitalismo. Mas o mesmo não pode ser dito sobre o país que detém a hegemonia global, no qual Trump confia em sua família e seus seguidores para ocupar cargos importantes. Essa confusão de interesses privados e públicos e o manejo da administração como uma espécie de casa é um sinal claro de degeneração.

Nas democracias avançadas, o *establishment* sempre fez um grande esforço para preservar a ilusão da neutralidade do Estado. Mas será que isso está sendo questionado agora? Cada vez mais vemos facções da classe dominante atacarem o Estado, tentando usá-lo para fins partidários, com consequências como a politização do judiciário. A aliança do Partido Democrata com o estado profundo e a investigação de Robert Mueller sobre Donald Trump não seria justamente um desses casos? E esse não seria também apenas mais um exemplo da *italianização* da política? Portanto, o magnata da construção e "Sr. Televisão" Silvio Berlusconi antecipou o magnata da construção e "Sr. Televisão" Donald Trump.

Não bastasse o prenúncio da crescente desorganização da política do *establishment* e da institucionalização do populismo, a Itália tinha ainda uma última história para contar. No finalzinho do Fim da História, ela se tornou o primeiro país ocidental a enfrentar um surto maciço de coronavírus. O Reino Unido, os EUA e outros países demoraram a reagir, ignorando que os eventos catastróficos na Itália também estavam chegando a eles. A subsequente crise econômica na Itália foi a pior da Europa, estrangulando uma economia já enfraquecida, sobrecarregada por dívidas, alto índice de desemprego e baixa produtividade. As pequenas empresas, que compõem uma grande parte da economia italiana, sofreram muito, pressagiando a crescente concentração de capital por todo o Ocidente, à medida que as grandes corporações engoliam as pequenas empresas. A queda na confiança nas instituições europeias foi vertiginosa. Será a Itália o primeiro país a deixar a Zona do Euro, mais um augúrio italiano?

Capítulo 7

As Formas Não se Encaixam: Partidos, Protestos, Classe e Cultura

O declínio da política de massas ainda desfigura nossa época. No entanto, muitos agem como se a política fosse basicamente a mesma de sempre. É claro que reconhecemos certas transformações que ocorreram: as mídias mudaram — menos pessoais, mais digitais; o espectro ideológico mudou — para a direita desde a década de 1980; referimo-nos às "Janelas de Overton" — o colapso neoliberal abriu possibilidades antes esquecidas...

O que as metáforas de mudança e de abertura/fechamento escondem é um fenômeno talvez mais importante: o vazio. Nosso mundo político manteve sua aparência externa, mas se quebrarmos a casca, não há nada dentro. Ainda temos partidos, eleições e campanhas. Às vezes, temos grandes manifestações. Os sindicatos ainda têm alguns membros (um número considerável, se você vive em um país nórdico ou na Bélgica). No entanto, a realidade é que a filiação partidária diminuiu, a participação eleitoral caiu e a densidade sindical é muito menor. Há um vazio onde o "povo" deveria estar.

Durante o Fim da História, nada disso parecia ter muita importância. Afinal, a ideia era que abandonássemos todas aquelas tensões e paixões da política de massas. O retorno da política não conseguiu preencher esse vazio. O que *sim* ocorreu foi o surgimento de novas e, às vezes, estranhas formas políticas que tentam responder aos desejos populares por participação

— serem sujeitos ativos, não meros objetos passivos da política. Ou simplesmente serem ouvidos: *ainda estamos aqui*.

Neste capítulo, revisitaremos as formas pelas quais a política de massas entrou em decadência, concentrando-nos em partidos, eleições, sindicatos e outras organizações cívicas. Em seguida, exploraremos como o retorno da política tem conduzido a formas partidárias inovadoras que têm buscado capturar a nova vontade de participar e moldar a sociedade. O ressurgimento do Partido Trabalhista no Reino Unido, sob a liderança de Jeremy Corbyn, o retorno da Democratic Socialists of America [Socialistas Democráticos da América], ou DSA, nos Estados Unidos, e o impulso popular por trás do Podemos, na Espanha, e do Syriza, na Grécia, pareciam todos incorporar novas possibilidades para a política de esquerda.

Depois disso, abordaremos os tipos informais de participação, especialmente os protestos em massa. Apesar das afirmações febris da última década sobre a revolta dos jovens, as manifestações, na verdade, em momento algum chegaram a desaparecer durante o Fim da História. Em geral, os jovens e a classe média saíram às ruas, em vez de adotarem outras formas de engajamento. Isso sugere uma mudança na composição de classe da política de esquerda. Um de seus efeitos foi a reenergização das guerras culturais. Portanto, refletimos sobre uma pergunta difícil: e se, em vez do retorno da política, as paixões que foram recentemente deflagradas levarem apenas ao retorno das acirradas guerras culturais?

7.1 O fim dos partidos

A era do Fim da História viu o desdobramento completo de dinâmicas de longo prazo: o fim do governo partidário e de seus modos de soberania popular.[1] Embora os antigos veículos permanecessem — muitas vezes, como é o caso da Alemanha, do Reino Unido e dos EUA, sob os mesmos nomes — as décadas de 1990 e 2000 viram os partidos se despojarem de sua função substantiva de organizar conflitos sociais e estruturar a divisão política. Eles se tornaram muito mais apêndices do Estado — "partidos cartel", segundo a terminologia do cientista político Peter Mair — do que instituições sociais orgânicas.[2] Como concluiu o saudoso Mair: "A era da democracia partidária passou. Embora os partidos em si permaneçam, eles se tornaram tão desconectados da sociedade como um todo e buscam uma forma de competição tão desprovida de significado que não parecem mais capazes de sustentar a democracia em sua forma atual".[3] Portanto, chegamos ao Fim do Fim da História com os partidos políticos esvaziados e desintegrados.

A incapacidade e a falta de vontade dos partidos políticos de canalizar as frustrações populares levaram à antipolítica descrita no Capítulo 5. No entanto, essa dinâmica também gerou novos veículos que têm procurado superar a distância entre a "política" e o "povo". Dois exemplos notáveis são o Podemos, na Espanha, e o Movimento Cinco Estrelas (M5S), na Itália, partidos cujos elementos "populistas" são evidentes: eles se posicionam contra "o sistema". Entretanto, isso não se estende ao ponto de serem anticapitalistas ou de defenderem um sistema diferente da democracia representativa. Sua oposição é, inicialmente, às coordenadas "antiquadas" de esquerda e direita. Em seu lugar, há uma postura anti-*establishment* "fora" dos arranjos de coalizões e do pluralismo partidário; estes últimos são apontados como corruptos. Assim, somos apresentados a um conflito moral binário entre um povo honesto dotado de "bom senso", que se opõe ao "câncer que está corroendo nosso país e tornando impossível a vida das pessoas honestas".[4] Ao mesmo tempo, a resistência a qualquer visão ideológica da política conduz tanto o Podemos quanto o M5S a encarar o governo como uma questão de "solução de problemas". As políticas são tratadas alternadamente como soluções técnicas ou como soluções pragmáticas enraizadas no senso comum. O resultado é igual ao problema inicial: uma abordagem apolítica que reconheceríamos como "tecnocrática".

O desafio que o populismo impôs à tecnocracia ao longo do Fim da História resultou em uma fusão inovadora: o tecnopopulismo. Canalizando a energia anti-*establishment* e, ao mesmo tempo, mantendo uma oposição à ideologia e ao binarismo esquerda-direita, os partidos tecnopopulistas emergentes oferecem uma síntese que parece tristemente apropriada para o Fim do Fim da História — uma criatura estranha que carrega um ímpeto raivoso e antipolítico, mas que é condicionada pelas formas mortíferas do passado. Variações sobre o tema também podem ser encontradas na direita. A nova extrema-direita tende a adotar uma retórica de "nem esquerda nem direita" (o *Rassemblement National* [Agrupamento Nacional] de Marine Le Pen na França; o *Partij voor de Vrijheid* [Partido pela Liberdade] de Geert Wilders na Holanda), reposicionando assim esses partidos como estando fora das coordenadas políticas tradicionais. O partido centrista *La Republique en Marche* [A República em Movimento] de Emmanuel Macron, suposto detentor da ordem neoliberal, é um amálgama de elementos tecnocráticos e populistas.

As inovações técnicas têm facilitado as tentativas de revigorar a política partidária. Valendo-se da mídia social e de novas plataformas digitais, os tecnopopulistas tentam se conectar diretamente com os membros da base em um relacionamento que se afasta fortemente dos modos mais antigos de organização partidária. A plataforma Rousseau do M5S permite que os membros não apenas votem nas primárias do partido, mas que também escolham as políticas a serem adotadas e até mesmo participem da elaboração de leis. Há muitos outros casos: o Podemos tem seu sistema de participação denominado Consul, o Partido Pirata, presente em todo o mundo, tem seu aplicativo de "democracia líquida" chamado LiquidFeedback e o movimento *La France Insoumise* [A França Insubmissa] utiliza o software NationBuilder para organizar suas campanhas. Todos prometem participação direta com o objetivo declarado de reduzir os aparatos burocráticos e o carreirismo por parte dos quadros. É um processo chamado *desintermediação*, ou seja, eliminar os intermediários em favor de um vínculo mais imediato entre os membros e o líder.[5]

Porém, assim como nas plataformas digitais comerciais, o engajamento é individualizado, com pouco espaço para deliberação coletiva. Portanto, embora os membros não sejam mais passivos e desinteressados — como no vazio "partido da televisão", criado por Berlusconi — agora eles não são ativos, mas *reativos*. O engajamento de um membro assume a forma de uma "resposta estreita e ad hoc aos estímulos vindos de cima, às vezes apoiando, às vezes criticando e, em outros casos, mantendo apatia às mensagens de estímulo lançadas pela liderança do partido".[6]

Essa falsa democracia é evidente no plebiscitarismo ostentado: os líderes escrevem o cardápio, os membros são servidos. O líder nesse modelo é o que Paolo Gerbaudo chama de *hiperlíder*, e os membros, a *superbase*. Como não há estruturas partidárias intermediárias e representativas, o partido se torna dependente do hiperlíder carismático para lhe dar forma e direção.

Essa relação se estende além da questão das plataformas digitais. Será que o termo hiperlíder não serviria para descrever figuras como Jeremy Corbyn, Bernie Sanders, Pablo Iglesias ou Jean-Luc Mélenchon — não meros líderes partidários, mas de certa forma encarnações de todas as esperanças e sonhos dos membros? A glorificação dessas figuras tem algo da cultura contemporânea de celebridades e fãs. Veja os memes de Bernie ou os aplausos para Corbyn como o "Absolute Boy" [Garoto Absoluto] — um apelido semi-irônico que parecia conferir um status de super-herói a um político reservado e pouco dinâmico. Esses políticos não projetam o glamour das celebridades tradicionais, mas são sim vistos como avatares de autenticidade, honestidade e coragem moral, muito além de sua realidade mundana.

Nada disso tem o objetivo de menosprezar ou depreciar o retorno do entusiasmo político. É importante acreditar nas coisas — o cinismo da antipolítica é derrotista. Mas a idolatria desajeitada, pós-moderna e semi-irônica imposta ao hiperlíder populista não conduz à democracia. A persistente fragilidade da forma partidária deixa o futuro incerto.

Por outro lado, o novo partido populista oferece uma politização limitada. Há um movimento duplo: o ataque antipolítico à burocracia e à vacuidade do partido neoliberal diz que as massas são importantes. Ao mesmo tempo, ele afasta as massas novamente, ludibriando-as com uma forma de participação restritiva e individualizada. O que acabou se desenvolvendo foi "um partido tecnopopulista que combina novos modos de participação com modos mais estabelecidos de governança autodesignada e orientada por especialistas".[7] Além disso, podemos inclusive deparar-nos com o surgimento de uma relação mais demagógica de culto ao líder. É quase como se, ao tentar responder à falta de confiança popular na política, buscássemos sobrecompensar criando ídolos a partir de líderes comprometidos, como Bernie Sanders nos EUA. Em suma, o Fim do Fim da História deu origem ao populismo de esquerda, e esse ciclo agora chegou ao fim. Este momento também marca o encerramento definitivo da social-democracia, com os partidos tradicionais de centro-esquerda continuando sua espiral de morte. A única exceção, o Partido Trabalhista do Reino Unido, sob a liderança de Corbyn, voltou a se unir às hostes social-democratas. Os últimos cinco anos provaram ser apenas um alívio temporário. Se a Pasokificação [em referência ao PASOK, ou Movimento Socialista Pan-Helênico, na Grécia] se tornou o termo aceito para referir-se à devastação dos partidos social-democratas,[8] e a Syrizificação [em referência ao Syriza, também na Grécia], a expansão e o colapso do populismo de esquerda, o Partido Trabalhista, no Reino Unido, está sofrendo ambos, simultaneamente. Pelo menos, nos últimos anos — e ao contrário das décadas de 1990 e 2000 — parecia que tínhamos algo a perder.

No próximo capítulo, examinaremos com mais detalhes o que provavelmente seguirá o populismo de esquerda e a social-democracia. Mas aqui podemos concluir que a mudança de uma resistência anárquica para uma política organizada baseada em partidos de esquerda tem sido uma característica fundamental dos últimos anos, representando uma tentativa interrompida de democratização. Na tabela seguinte, detalhamos essas mudanças, desde o Fim da História até hoje.

Tabela 7.1: As várias formas da esquerda, 1989 a 2020

Período	Dominante	Modo de resistência	Forma política	Exemplos	Social-democracia
1989–2015	Pós-política	Neoanarquista	Sem líderes, "movimento de movimentos", ONGs	Movimento de justiça global, protesto carnavalesco, campanhas humanitárias	Declínio
2016–2020	Antipolítica	Populista de esquerda	Partidos populistas de esquerda, tecnopopulismo	Podemos, Syriza, M5S, Corbyn, Sanders	Morte

7.2 Proteste à vontade

O esvaziamento da política formal nas últimas décadas — um processo que já dura quase meio século — levou a repetidas alegações de que, na verdade, a política agora acontece em outro lugar. À medida que participação eleitoral começou a diminuir [nos países onde o voto não é obrigatório] desde o final da década de 1960, e a filiação partidária caiu ainda mais drasticamente na mesma época, os Novos Movimentos Sociais em torno de raça, gênero, sexualidade e ecologia preencheram essa lacuna. Na década de 1970, os arranjos social-democratas e corporativistas sentiram a pressão, pois a política formal transbordou com demandas externas. O argumento de que a política estava acontecendo "em outro lugar" — além do âmbito dos parlamentos e partidos — ainda era plausível. Mas, como a participação formal caiu no abismo no final da Guerra Fria, a noção de que a política havia simplesmente sido transplantada para outro lugar tornou-se cada vez menos convincente. Nas décadas de 1990 e 2000, o movimento antiglobalização, o ativismo do consumidor e várias formas de protesto foram exaustivamente exaltados como a nova política. Tudo isso ignorava o que havia mudado qualitativamente: a política de massas havia evaporado.

Tomemos como exemplo os protestos contra a invasão do Iraque em 2003. Nas manifestações contra a Guerra do Iraque, as formas de participação extraparlamentares (alguns dos maiores protestos de todos os tempos) provaram ser passageiras, levando a pouca construção organizacional, pouca radicalização ampla ou mesmo impacto político (as guerras ocidentais no Oriente Médio continuariam sem interrupção). Nas piores instâncias, o ativismo era irremediavelmente narcisista. O ativismo do consumidor, como o consumo ético, foi tão somente o exemplo mais óbvio de uma nova forma de "participação" que nunca foi além de um estilo de vida político individualizado. Uma combinação de escolhas atomizadas e eticamente informadas nunca atingiu o nível de uma política de massas, não importando quantos indivíduos participassem (e, na maioria das vezes, as massas nunca participavam).

Desde a pieguice das campanhas pelo Fairtrade [Comércio Justo] à raiva militante das manifestações contra corporações, a "política" nesse período poderia ser caracterizada, em grande parte, como "engajamento ético" — a construção do eu como um sujeito ético e moralmente bom. Voltada para dentro, seu conteúdo social se resumia, na melhor das hipóteses, à criação de subculturas radicais. O ativismo político de esquerda tornou-se cada vez mais distante das preocupações, hábitos e perspectivas da ampla classe trabalhadora.

Se a natureza da política é inerentemente pública, poderíamos classificar isso como política? Era mais uma opção estética. Dado que as classes média e alta sempre mantiveram uma conexão mais forte com a política formal, foi delas que surgiram os participantes da política informal no Fim da História. A pessoa jovem e politizada da classe média podia vestir a roupagem da política (radical) e encenar uma fantasia de "mudar o mundo", completamente alheio às questões de poder estatal.

A interseccionalidade, inicialmente uma tentativa de reagrupar formas diferentes, embora entrelaçadas, de opressão, tornou-se talvez a expressão mais proeminente de narcisismo público disfarçado de política. Ela evitou a questão "o que *nós* queremos *alcançar*?" em favor de "quem sou *eu*?"; em vez de "para onde estamos indo?", ela desviou o olhar do futuro e ponderou: "de onde eu vim?" Essa tendência a "olhar para o próprio umbigo" acabaria encontrando sua contraparte na forma da política de identidade da direita, embora ambas compartilhem uma origem comum.[9] À medida que a política de identidade ascendia nas universidades e alcançava a grande mídia, departamentos de marketing corporativo e instituições internacionais, passou a parecer mais uma força hegemônica do que um desafio radical.

Uma nova direita "alternativa" aproveitou as desordens da Crise Financeira Global, unindo "a esquerda" e o neoliberalismo. Nas margens, essa Nova Direita ressuscitou até mesmo um termo antigo (antissemita), chamando seus antagonistas de "marxistas culturais". Ao fazer isso, agrupou todos, desde os "globalistas" de Davos até os antirracistas de esquerda. Como consequência, hoje temos o "neoliberalismo progressista" de um lado (que engloba desde o Homem de Davos até o Black Lives Matters) e o "populismo reacionário" do outro.[10] Esses dois campos oriundos da mesma origem promovem diferentes formas de política de identidade. Os neoliberais progressistas agrupam as identidades minoritárias sob a liderança dos "globalistas", enquanto os populistas reacionários propõem falar em nome de uma maioria identificada como "nativa" nos Estados ocidentais supostamente ameaçados pela migração.

Uma das razões para esse novo impasse é que os novos movimentos sociais são, em grande parte, produto de um aumento da classe média. Para ser claro, não é que os protestos e os movimentos sociais ao redor do mundo na década de 2010 fossem sempre compostos por profissionais e gerentes, nem formados apenas por pessoas abastadas. Muitas vezes, essas manifestações abrangem muitos trabalhadores precarizados e aqueles que enfrentam dificuldades econômicas, sobretudo com os preços dos imóveis urbanos, independentemente da natureza de seu trabalho. A questão é que a política desses movimentos tinha *caráter* de classe média. Embora pessoas da classe trabalhadora possam ter participado desses protestos, os protestos em si não falavam *como* ou *para* a classe trabalhadora. Os protestos não surgiram das lutas nos locais de trabalho nem — com algumas exceções notáveis — das comunidades das classes trabalhadoras. Muito menos foram organizados por partidos ou movimentos de perfil proletário. Salvo algumas exceções fora da Europa e da América do Norte, essas revoltas também não eram dos pobres. Muitas vezes, são massas de indivíduos revoltados de todas as classes sociais, que se unem momentaneamente nas ruas — ou na internet.

Tudo isso é corroborado pelos dados sobre militância trabalhista (consulte a tabela 7.2, a seguir). Em quase todos os países, houve um declínio constante ou significativo na militância trabalhista desde o fim da Guerra Fria. Mesmo o aumento das greves gerais na Europa durante a crise da zona do euro entre 2010 e 2013 rapidamente voltou à sua média de longo prazo. Nem o movimento em torno de Bernie Sanders, nem o influxo de novos membros no Partido Trabalhista britânico impulsionado por Jeremy Corbyn foram acompanhados por um aumento significativo na militância trabalhista. É possível que a política de esquerda tenha retornado, mas seu motor usual não está lá.

Tabela 7.2: Médias anuais de dias de trabalho perdidos devido a ações na indústria por 1000 funcionários assalariados, países selecionados da OCDE[11]

	1985	1990	1995	2000	2005	2010	2015
Austrália	223	207	79	61	26	13	8
Chile	x	78	96	29	23	64	55
França	727	528	784	581	164	318	74*
Alemanha	2	14	8	0	1	1	31
Itália	266	342	65	59	56	x	x
Reino Unido	304	84	19	21	9	15	6
Estados Unidos	73	55	51	161	13	2	5

Pode-se argumentar que o enfoque na militância trabalhista é uma definição restritiva de "política adequada" e que corre o risco de ignorar novas formas de politização. No entanto, vale a pena destacar a importância histórica da participação da classe trabalhadora na formação da democracia moderna e da política de massas. Um estudo recente que analisa manifestações ao longo de 100 anos demonstra que as reformas democratizantes são alcançadas com muito mais facilidade quando a classe trabalhadora desempenha um papel importante nos protestos. Em contraste, quando os protestos são majoritariamente de classe média, as evidências de melhorias sociais e políticas são muito mais ambíguas.[12] Isso frustra as suposições liberais de que os protestos de baixo para cima são incipientemente autoritários e colocam as classes médias educadas e profissionais como o repositório das normas democráticas liberais. Em suma: sem participação significativa da classe trabalhadora, os protestos fracassam.

Será que a crescente frequência de protestos não sugere que, devido ao fracasso da política do *establishment* em representar os desejos das pessoas, as mobilizações poderiam ser o ponto de partida para uma nova política de massas? Vamos analisar a composição dessas manifestações.

Estudos sistemáticos demonstram que os protestos na Europa são mais frequentemente compostos por indivíduos mais jovens e pertencentes à classe média em comparação com a população em geral.[13] São os mesmos profissionais instruídos que eram tipicamente identificados como os principais participantes dos Novos Movimentos Sociais. Sem dúvida, há diferenças de acordo com o tipo de protesto. Os protestos econômicos tendem a estar mais ligados à classe trabalhadora, além de serem instrumentalmente focados; já os protestos culturais tendem a ser mais ligados à classe média e preocupados com a conscientização. No entanto, de maneira geral, são os jovens e a classe média que lideram os protestos atualmente. A divisão não é apenas geracional. Há duas classes médias, divididas em termos socioculturais. Uma é orientada para o setor público, compreendendo acadêmicos, gestores, profissionais e funcionários a ele vinculados, bem como advogados e professores, entre outros; a outra é voltada para o mercado. É o primeiro grupo que está cada vez mais mobilizado em manifestações de esquerda.

Antes de explorar essa tensão, vale a pena observar algumas exceções cruciais. Na França, o movimento Gilets Jaunes [Coletes Amarelos] não surgiu como uma luta trabalhista, mas como uma luta de consumidores. No entanto, como seu foco era o custo de vida, era naturalmente mais proletário do que os protestos anárquicos antiglobalização dos anos 1990 e do início dos 2000. Isso também ficou visível em sua composição, que não veio apenas "de baixo", mas também "de fora": os ativistas provinham principalmente de cidades de médio e pequeno porte, assim como de áreas rurais, onde o movimento teve origem. A desigualdade francesa tem cada vez mais um caráter geográfico, com as metrópoles urbanas sugando a riqueza, os recursos e o talento, enquanto as províncias ficam à mercê da estagnação. Aluguel e outros custos em cidades como Paris disparam e os centros urbanos se tornam cada vez mais inacessíveis. Em consequência, essas áreas acabam por abrigar profissionais abastados assim como a classe precária de serviços que atendem às suas necessidades. Nos últimos tempos, a esquerda tem direcionado seu apelo principalmente para as classes médias radicalizadas ou para setores da classe trabalhadora imigrante nas grandes centros urbanos, geralmente priorizando questões de identidade em detrimento das econômicas. Ao mesmo tempo, a esquerda foi perdendo o vínculo com o conjunto da classe trabalhadora nas cidades menores industriais e, especialmente, pós-

-industriais. Porém, foi dessas áreas negligenciadas que os Coletes Amarelos emergiram para se tornar um fenômeno nacional da França.

Levantamos aqui essa questão porque, se o retorno da política vier realmente a constituir um evento de massas, os Coletes Amarelos parecem oferecer uma visão mais plausível do que protestos como a Greve Climática — para citar um exemplo — que é dominada pelas classes médias. Se a densidade dos sindicatos está hoje em níveis historicamente baixos, e as grandiosas convocações para uma greve geral revelam mais fraqueza do que força, então os movimentos sociais baseados na distribuição e no consumo — não na produção — parecem ser mais promissores.

No mínimo, a rejeição dos Coletes Amarelos por parte da mídia e da *intelligentsia* liberal-esquerdista na França (seja devido à falta de moderação do movimento, à quebra da ortodoxia ambientalista em relação ao aumento dos custos de combustível, ou à acusação de "racismo" — a calúnia mais usada hoje em dia quando a classe trabalhadora começa a se mobilizar) deveria ser interpretada como um indicador do potencial desse movimento. O fato de que esse protesto tenha se concentrado no mesmo tipo de desigualdades geográficas que ficaram tão facilmente aparentes em quase todos os países ricos do Norte global sugere a possibilidade de uma certa replicabilidade.

7.3 As classes médias radicalizadas

O surgimento de uma nova esquerda, articulada em torno da eleição de Corbyn como líder do Partido Trabalhista no Reino Unido e da campanha de Bernie Sanders para se tornar o candidato democrata à presidência dos EUA, sugere uma radicalização. No entanto, considerando-se que esses desdobramentos não tiveram origem na força de trabalho, o que exatamente as impulsionou? Uma explicação comumente sugerida é que membros da classe média em trajetória socioeconômica descendente, especialmente Millennials e Zoomers [ou geração Z] (ou seja, as duas gerações nascidas a partir de 1981), teriam se voltado para a esquerda. Devido ao fechamento de oportunidades de emprego e ao ônus do aumento da dívida estudantil e dos custos de moradia urbana, a figura do "formado sem futuro" fomentou a nova política. As diretrizes emblemáticas adotadas pelas campanhas de Bernie Sanders e Jeremy Corbyn em torno da gratuidade da educação universitária são indicativas dessa mudança.

O papel da educação é certamente um dos principais pivôs da política contemporânea. O ensino superior se expandiu significativamente nos EUA e no Reino Unido nas últimas décadas. Aqueles com educação terciária completa aumentaram de 20,7% para 26,8% nos EUA de 1990 a 2010. A taxa de matrícula para jovens de 18 a 24 anos também aumentou de 32% para 40,5% entre 1990 e 2015. No Reino Unido, a parcela que concluiu o ensino superior aumentou de 9% para 15,3% entre 1990 e 2010, e a taxa de participação (pessoas com até 30 anos de idade no ensino superior) atingiu 50,2% no último ano em que há números disponíveis (2017/18).[14]

Conforme a tecnologia da informação e outras mudanças nos processos de trabalho iam destruindo os empregos de colarinho branco menos qualificados, as elites políticas incentivavam o ensino superior como forma de preparar uma força de trabalho para a nova economia. Isso era obviamente mentira, pois não havia empregos novos e bem remunerados em número suficiente para absorver os novos diplomados, especialmente depois da crise financeira global. Uma geração foi confrontada com a perspectiva de ter uma situação pior que a de seus pais, e a história tende a mostrar que nada radicaliza mais do que expectativas frustradas. Mas esse encontro de setores da classe média com a política de esquerda era naturalmente diferente daquele dos trabalhadores de colarinho azul ou de grupos marginalizados em épocas anteriores. Esses jovens de classe média seriam uma base significativa o suficiente para construir uma nova política radical? E seriam eles bons aliados da classe trabalhadora tradicional? É possível encontrar clareza examinando um debate que surgiu recentemente sobre o significado e as inclinações políticas da "classe profissional-gerencial" ou PMC, conforme a sigla original em inglês.

A noção de PMC tem sido cada vez mais usada como um epíteto para criticar os progressistas mais abastados cujo envolvimento na política de esquerda tem trazido consigo formas de política de identidade divisiva e diversas patologias narcisistas. No entanto, o conceito de "classe profissional-gerencial" foi originalmente proposto como um critério sociológico por Barbara e John Ehrenreich na década de 1970.[15] Os Ehrenreichs analisaram como a Nova Esquerda das décadas de 1960 e 1970 se relacionava com a classe trabalhadora de maneiras distintas, parecendo fazer parte dela, mas ao mesmo tempo permanecendo separada. O que eles denominaram como classe profissional-gerencial não pertencia nem à grande burguesia (proprietários de capital), nem à antiga classe média de profissionais autônomos, como médicos e advogados, tampouco ao setor de pequenos comerciantes, fazendeiros independentes, entre outros. Normalmente eram funcionários de grandes corporações e organizações, da mesma forma que a classe trabalhadora, mas ocupavam cargos de gerentes, acadêmicos, professores, administradores, trabalhadores técnicos, produtores culturais, médicos, advogados etc., de modo que eram funcionalmente diferentes dos trabalhadores braçais. De acordo com os Ehrenreichs, trata-se de "trabalhadores mentais assalariados que não são proprietários dos meios de produção e cuja principal função na divisão social do trabalho pode ser descrita, em linhas gerais, como a reprodução da cultura capitalista e das relações de classe capitalistas".[16]

Assim, a PMC não seria uma classe propriamente dita. Não tem uma relação estruturalmente antagônica com o capital ou o trabalho, nem é algo residual como a pequena burguesia (pequenos proprietários, muitos dos quais foram dizimados em fases anteriores do desenvolvimento capitalista); ela é um produto do capitalismo monopolista. Essa posição ambígua permite que os membros da PMC optem por qualquer caminho, por qualquer lado na luta de classes, dependendo do contexto.

Nas sociedades capitalistas avançadas, o crescimento dos empregos no setor de serviços, que dependem do "trabalho imaterial" na "economia do conhecimento", tem levado grandes parcelas da população a buscar o ensino superior, aumentando as fileiras da PMC. Mas então veio a crise financeira global e dividiu essa camada em ascensão. Ao refletir sobre o assunto em 2013, Barbara Ehrenreich observou que essa classe agora está em ruínas:

> No extremo mais rico, os profissionais qualificados continuam abandonando o barco em busca de cargos mais lucrativos a serviço direto do capital: cientistas desistem de suas pesquisas para se tornarem "quants" em Wall Street; médicos chegam a dobrar sua renda quando encontram trabalho como analistas de investimentos para o setor financeiro ou quando criam consultórios de atendimento personalizado para os ricos. No extremo menos afortunado do espectro, jornalistas e doutores em sociologia ou literatura descem ladeira abaixo rumo à força de trabalho no varejo. Entre os dois grupos, profissionais da saúde, advogados e professores veem suas carreiras cada vez mais cercadas e reguladas por empresas com características de corporações.[17]

Essa mobilidade descendente não difere muito daquela vivenciada pela antiga classe trabalhadora industrial décadas atrás, como fruto do processo de desindustrialização. Os antigos empregos seguros são eliminados e as habilidades adquiridas passam a ser supérfluas ou, em todo caso, não encontram mais valorização no mercado. A antiga PMC analisada pelos Ehrenreichs era motivada por um espírito de profissionalismo e imaginava uma sociedade governada pela razão, na qual eles assumiam a liderança intelectual, ou até mesmo política. Esse arranjo agora caiu em descrédito.

O resultado é que, por um lado, os setores superiores da PMC, especialmente aqueles que compõem ou estão alinhados com a classe política, têm sofrido a Síndrome do Colapso da Ordem Neoliberal. As correntes econômicas e as relações políticas que os promoveram a uma posição invejável na sociedade se mostraram insustentáveis, e agora os bárbaros estão às portas da cidade. A sociedade que eles acreditavam ser regida pela razão está agora sob desafio. Daí o pânico em relação às "fake news" e à "pós-verdade" — a acusação de irracionalidade lançada contra aqueles que tentam desestabilizar seus arranjos confortáveis e, especialmente, sua autoridade social e política. Por outro lado, os segmentos com mobilidade descendente da PMC — especialmente as gerações mais jovens, mais afetadas pelo aumento dos aluguéis e das mensalidades universitárias do que as gerações anteriores, que cursaram o ensino superior e compraram imóveis a custos mais acessíveis — vêm se direcionando para a esfera da política de esquerda. Isso tem energizado as demandas sociais em torno de questões materiais, especialmente no que diz respeito à saúde, moradia e educação, por toda a América do Norte e Europa Ocidental, visando a décadas de austeridade neoliberal.

O aspecto negativo tem sido o fato de trazer a reboque algumas políticas questionáveis. Amber A'Lee Frost descreve essas questões à medida que elas afetam o Democratic Socialists of America (DSA), a organização que mais tem se beneficiado das transformações que acabamos de descrever. "Ao contrário de um sindicato em funcionamento, a DSA, apesar de seu suposto antagonismo ao capitalismo, não é particularmente hostil aos capitalistas. O que sim faz, porém, é produzir inúmeros 'grupos de trabalho' segregados, aglomerados hifenizados de interesses, amplas políticas de queixas e longas listas de demandas políticas sem prioridade, todas as quais apelam para as ansiedades da PMC, cujos membros, muitos deles em declínio, não conseguem se reerguer".[18] Isso é produto da tendência dos membros da PMC de não reconhecerem seus interesses coletivos, justamente porque sua formação enfatiza a especialização imparcial. Essa tendência gera patologias por meio das quais a PMC projeta suas preocupações sobre a classe trabalhadora, assumindo-se como guardiã dela. Quando essa atitude encontra poucos adeptos, a reação pode se tornar desagradável.

7.4 Travando o combate errado

Infelizmente, a onda de ativismo de esquerda veio acompanhada do que o jornalista Matthew Yglesias chamou de "the great awokening" [algo como "o grande avivamento ideológico"]. Nos EUA, na última década, observa-se um aumento significativo da radicalização dos liberais brancos em relação a questões de raça, gênero e sexualidade.[19] A "interseccionalidade" é, em grande parte, um meio para que liberais com alto grau de instrução ganhem distinção e para que as camadas superiores de grupos minoritários assumam posições de influência. Pior ainda, ela reconfigura as relações materiais como simbólicas, de modo que, por exemplo, os problemas de uma mulher negra só poderiam ser consequência da opressão racial e de gênero, exclusivos de sua existência como mulher negra. A solidariedade entre raças, gêneros e sexualidades torna-se, então, impossível ou desnecessária. Ela é reconhecida somente como uma mulher negra, sem consideração por sua identidade como trabalhadora ou cidadã. A radicalização do liberalismo cultural se tornou tão pronunciada que um membro do Combahee River Collective, o grupo da Nova Esquerda composto por feministas lésbicas negras que cunharam o termo "política de identidade", chegou a posicionar-se contra a fragmentação e o egocentrismo promovidos por suas manifestações contemporâneas e expressou apoio a Bernie Sanders[20] — um político difamado pelos liberais da PMC por supostamente não dar a devida atenção às questões de raça e gênero.[21]

Um desdobramento relacionado — que também é estranho, quando não totalmente contrário, à política de classes — é uma nova e furiosa política geracional. Representada pelo meme "OK, Boomer", ela acusa aqueles que atingiram a maioridade em décadas anteriores de terem sobrecarregado indevidamente as gerações seguintes. Beneficiando-se de moradias mais baratas e faculdade gratuita, os Baby Boomers são considerados responsáveis pela desigualdade geracional e — em sua formulação mais conflituosa — por terem saqueado o planeta, não deixando nada para os mais jovens.

Por mais reais que sejam as desigualdades geracionais, não significa que a *política geracional* ofereça alguma solução. O fato de as gerações mais velhas estarem em situação relativamente melhor não significa que elas sejam as "vencedoras" do desenvolvimento social. A polarização em linhas geracionais como essa serve apenas para encobrir a classe como a relação fundamental que molda a sociedade. De fato, a guerra de gerações é hoje uma patologia específica da classe média. É o filho que critica os pais por não lhe darem o que lhe é "devido". A prerrogativa de merecimento é evidente. Provocada pela mobilidade descendente, pela incapacidade de se reproduzir como classe ou de reproduzir individualmente o padrão de vida que seus pais tinham, a ala jovem da PMC recorre à política geracional para explicar suas dificuldades.

Os desdobramentos esboçados aqui sugerem realinhamentos políticos significativos em andamento. É claro que nem todas as pessoas de classe média se tornaram de esquerda de repente, tampouco a classe trabalhadora se tornou majoritariamente direitista — isso seria adotar a propaganda dos populistas de direita. Mas entender como a classe média está mudando contribui para explicar a política de nossa época.

Joel Kotkin, geógrafo americano, observa o relativo declínio da classe média tradicional de pequenos empresários, pequenos proprietários de terras, artesãos e artífices. Paralelamente, vemos a ascensão da (parte superior da) PMC . Para Kotkin, esse fragmento de classe é a "nova cleresia".[22] Ao optar por esse termo — tirado de Samuel Coleridge, que o usou na década de 1830 para descrever ordens religiosas — Kotkin chama nossa atenção para o papel *ideológico* que ela exerce. Encontrada em instituições públicas e semipúblicas, como universidades, imprensa, ONGs e a burocracia estatal, sua principal função não é a produção econômica, mas a produção de cultura e moral. A nova cleresia é geralmente favorável ao Estado, aceitando impostos mais altos e regulamentações. De acordo com Michael Lind, essa camada representa talvez 15% da sociedade hoje nos EUA.[23] Para Kotkin, não há antagonismo estrutural com a oligarquia, porque é ela que financia suas ONGs, universidades e assim por diante.

Na França, Christophe Guilluy tem observado tendências semelhantes. Para ele, a classe média alta metropolitana instruída convenceu-se de que as classes não existem. No passado, seus equivalentes tradicionais tinham plena consciência da luta de classes e, portanto, eram mais elitistas, além de defenderem a ordem, a tradição e a moralidade. Hoje, essa nova classe valoriza, acima de tudo, a abertura, a modernidade e a diversidade. No entanto, a diversidade é algo que eles exigem para os outros enquanto residem em núcleos urbanos gentrificados, recusando-se a aceitar a diversidade genuína em seu próprio entorno. Esse estrato relativamente privilegiado opera a partir de uma suposição de superioridade moral, ao mesmo tempo em que não reconhece a existência de hierarquia.[24]

É relevante observar que as revoltas antipolíticas têm direcionado sua atenção principalmente a essa parcela da classe média, para seu desgosto. Como aponta Amber A'Lee Frost, quando esse estrato "ouve a expressão 'elite liberal' em referência à PMC progressista, eles presumem que seja apenas um chamado seletivo, destinado a incitar o ressentimento da classe trabalhadora contra eles".[25] Em vez disso, eles perguntam: "Por que não atacar a elite empresarial, já que é ela a responsável pelos seus problemas?" Mas a ira dirigida contra os liberais instruídos é real. A classe empresarial e os partidos de centro-direita aos quais ela está alinhada podem deter e defender o poder econômico, mas são relativamente amorais. Pregam o interesse próprio e o mercado. Se você não confia na política, cuidar de si mesmo e dos seus parece ser a opção mais segura. A centro-direita pode ter uma visão avarenta, mas não promete mais do que isso. Já a centro-esquerda se atribui uma missão moral, a de tornar a sociedade mais progressista. Sua identificação íntima com a esfera política sugere que seu único objetivo é impor-se sobre todos os demais.

Se essa descrição parecer infundada, considere o trabalho recente do economista francês Thomas Piketty. Em uma análise multidimensional da desigualdade, Piketty conclui que a esquerda se tornou o partido da elite intelectual (o que ele chama de esquerda brâmane), enquanto a direita poderia ser vista como o partido da elite empresarial (ou direita mercantil). Com base em pesquisas pós-eleitorais realizadas nos EUA, no Reino Unido e na França, desde o pós-guerra até hoje, a pesquisa de Piketty demonstra como os partidos de esquerda deixaram de ser partidos de trabalhadores para se tornarem partidos de pessoas com alto grau de instrução.[26] Atualmente, a esquerda[27] tem uma proporção maior de votos entre os graduados universitários do que entre os não graduados, e a participação dos 10% mais escolarizados no eleitorado de esquerda supera a dos 90% menos escolarizados. Consequentemente, "esquerda vs. direita" não corresponde às linhas de classe. Ao contrário, a esquerda representa eleitores com alta escolaridade e a direita atrai eleitores com menor nível de educação. Isso resultou em um sistema partidário de elites múltiplas, no qual as elites intelectuais e empresariais se enfrentam, cada uma formando coalizões com o restante da sociedade.

Talvez ainda mais impressionante seja o fato de que está em curso uma reversão também no cenário de renda, de modo que o voto da esquerda está se tornando de alta renda e alta escolaridade, enquanto a direita atrai eleitores de baixa renda e baixa escolaridade, o que representa um realinhamento quase total do sistema partidário. É evidente que os partidos rotulados como de "esquerda" não são particularmente de esquerda. Porém, considerando que a parcela de votos para a esquerda radical é pequena ou quase inexistente, o que temos é um embate eleitoral entre partidos liberais e conservadores, com os primeiros cada vez mais representando os mais abastados e com elevados níveis de instrução.

Como consequência desse realinhamento, a política agora decorre frequentemente em termos de globalistas versus nativistas. Como as taxas de comparecimento eleitoral diminuem nos extremos inferiores das escalas de renda e educação, essa é uma polarização eleitoral que se processa principalmente dentro da classe média, em sua concepção mais ampla. Assim como a PMC jovem, cuja mobilidade social é descendente, tem se radicalizado em direção à esquerda, a antiga pequena burguesia orientada para o mercado tem demonstrado uma forte rejeição ao liberalismo, expressa por meio do voto em Trump, no UKIP/Partido do Brexit ou no *Rassemblement National* de Marine Le Pen.[28]

O que encontramos, então, é principalmente uma guerra *cultural*. O colapso da ordem neoliberal abriu a possibilidade para a política. As desordens podem levar ao caminho da polarização de classes, à conscientização de uma sociedade dividida entre trabalhadores que produzem e capitalistas que colhem os frutos; mas nossa época também abre outros caminhos. A polarização cultural — ou guerra cultural — é uma espiral descendente que se revelou diante de nós. E, dado seu potencial de canalizar e organizar a raiva popular, representa um perigo genuíno. Como observado pelo historiador especializado em guerras culturais nos EUA, Andrew Hartman, "o conflito cultural se fundiu com a discórdia baseada em classes para criar uma política excepcionalmente tóxica".[29] As antigas guerras culturais que polarizaram os EUA a partir da década de 1960 foram travadas em torno de questões relacionadas à sexualidade, à religião e à família. Hoje, elas estão intrinsecamente ligadas a mudanças nas circunstâncias econômicas, sendo globalização, imigração e identidade as principais linhas divisórias. A internet tem exacerbado essas tensões, com a esquerda cultural provocando uma reação cruel por parte de uma direita pós-moderna, conforme catalogado no estudo de Angela Nagle sobre a "alt-right" [direita alternativa]".[30]

Nos EUA, há poucas evidências de uma polarização entre a ampla massa da população. O que tem ocorrido é uma separação partidária, resultando em uma maior homogeneidade ideológica entre democratas e republicanos, afastando-se da abordagem mais difusa e ampla que caracterizava os partidos "abrangentes" do passado. Porém, além da homogeneidade nas posições políticas, também houve homogeneidade nas características geográficas, comportamentais, de atitude, religiosas e educacionais. A mulher secular, que reside no litoral dos Estados Unidos, é socialmente liberal e tem um diploma universitário, está cada vez mais propensa a se identificar como democrata; isso não é um mero estereótipo. A polarização política que o apoio de Donald Trump e Bernie Sanders atesta é, portanto, o resultado da radicalização entre os já politizados.[31] Isso também é mais um aspecto de uma classe média que se dividiu em campos rivais, que se confrontam ao longo das linhas de influência de classe, mas que são, em última análise, culturais.

Essas guerras culturais não se restringem apenas aos Estados Unidos: o Reino Unido e até mesmo países da Europa continental têm sofrido divisões semelhantes. Considere o movimento contrário ao casamento gay na França ou, algo ainda mais marcante, as manifestações de solidariedade diante da morte de George Floyd que surgiram no Reino Unido, na Dinamarca e na Nova Zelândia. O suposto despertar de uma consciência social ou "wokeness" tornou-se global. De fato, guerras culturais marcadas por classes têm surgido por todo o Ocidente desenvolvido. Em 2015, a África do Sul foi palco dos protestos Rhodes Must Fall [Rhodes Deve Cair]. O Brasil, durante o período descrito em maiores detalhes no Capítulo 5, polarizou-se entre os campos *antipetista* e progressista[32], com o primeiro elegendo

Jair Bolsonaro em 2018. Embora possam utilizar a linguagem de classe, os protagonistas dessa disputa não seguem as divisões tradicionais de classe — trata-se de uma guerra cultural entre facções de classe média, cada uma alegando representar as massas, ainda que de maneiras diferentes. As guerras culturais da Turquia têm sido amplamente discutidas, mas elas também parecem estar vinculadas às classes de maneira ambígua. Os protestos de 2013 no parque Gezi foram, em princípio, uma rejeição ao neoliberalismo, mas eram controlados pela classe média mais instruída, enquanto a base de Erdogan tem sido a pequena burguesia provinciana.

Infelizmente, até que a classe trabalhadora e os operários comecem a se mobilizar e a falar com sua própria voz, ficamos com o seguinte dilema: o que fazer com a PMC inclinada à esquerda, dado seu poder de alternar entre apoiar e sabotar a política socialista? A resposta padrão é que a adoção, pelos partidos de centro-esquerda, de valores culturalmente progressistas em detrimento de políticas economicamente redistributivas é o que os fez perder o apoio da classe trabalhadora (o que é indubitavelmente verdadeiro); portanto, a reincorporação de demandas materiais resolverá o problema. Ainda assim, a adoção de políticas economicamente redistributivas não reconquistou os trabalhadores, como prova o fracasso de Corbyn.

Voltando ao ponto em que começamos este capítulo, o "vazio" ainda nos confronta e não será superado apenas com promessas políticas. A atrofia real das organizações de intermediação (sindicatos, filiais locais de partidos, clubes sociais) e a grande distância cultural entre os cidadãos da classe trabalhadora e os ativistas de esquerda significam que simplesmente a guinada "à esquerda" não será suficiente. Quando há tão pouca confiança na política, as promessas não passam de palavras. Quando elas vêm das fileiras da PMC progressista e por meio dos mesmos partidos que anteriormente abandonaram a classe trabalhadora, seria necessário um grande ato de fé para confiar o futuro a elas.

Assim, desvendar a trama das divisões demográficas que se intensificaram com o colapso da ordem neoliberal é, portanto, essencial para que o autêntico antagonismo de classe possa ser visto com clareza. O fato de que as expressões de antagonismo de classe possam não estar de acordo com as expectativas de polidez cultivadas nos debates online pelos liberais da PMC, sem dúvida, assustará muitos na esquerda. Isso foi visível na reação aos Coletes Amarelos ou ao Brexit. Nenhuma delas é expressão inequívoca da revolta da classe trabalhadora, mas é a natureza do Fim do Fim da História que significa que a política de classe surgirá de diferentes formas. A tarefa da esquerda é extrair o miolo radical da casca.

Capítulo 8
Ideologias do Futuro Próximo

A caraterística política que define a nossa época é a perda de autoridade dos *establishments* políticos e a simultânea fraqueza de uma esquerda incapaz de aproveitar o momento. Se a *antipolítica* é a força política predominante hoje, então a forma como as forças do *establishment* respondem a ela moldará a sociedade. A figura do tecnopopulismo, explorada no capítulo anterior, já sugere uma possível fusão de forças antes consideradas antagônicas: populismo e tecnocracia. O sucesso ou fracasso das respostas do *establishment* à crise da covid-19 e ao desmoronamento do neoliberalismo determinará os contornos do antagonismo político na próxima década.

Como vimos no Capítulo 3, é a esquerda que traz a política à tona, ao politizar o "status quo". Portanto, estarmos cientes da fraqueza da esquerda é essencial para entender a nossa época. Devemos recapitular brevemente os principais pontos aqui. A classe trabalhadora organizada foi derrotada em todo o mundo ocidental e além, durante os anos 1980 e início dos anos 1990. Esse foi o elemento constitutivo essencial da tese do "Fim da História": a ausência de um desafio organizado da classe trabalhadora ao capitalismo liberal. Em seguida, por meio de uma série de processos de longo prazo de retirada das elites do convívio com o restante da sociedade e, simultaneamente, de reclusão dos cidadãos para a esfera privada, a política contemporânea passou a caracterizar-se por um *vazio* entre a cidadania e a esfera política. Os meios para representar os interesses populares no âmbito do Estado estão agora bastante reduzidos. Embora os mecanismos da

Guerra Fria não constituíssem uma era dourada, o contraste com o nosso tempo é gritante: a participação democrática murchou, e o poder estatal, em consonância, tem se tornado proporcionalmente mais autoritário e remoto.

Durante o período do Fim da História, os partidos social-democratas na Europa deixaram inclusive de ser os gestores eleitoralmente significativos do neoliberalismo para se tornarem completamente marginais — eles foram *Pasokificados*.[1] Mais recentemente, o populismo de esquerda, que se apresentava como uma potencial reinicialização da política de esquerda na Europa, fracassou ao se deparar com as dificuldades impostas pela União Europeia, levando a uma onda de derrotas, desde o naufrágio do Syriza, na Grécia, até a morte do Corbynismo, no Reino Unido.[2] Estamos vendo agora todo um conjunto de realinhamentos políticos que questionam alianças moribundas, como a existente entre a classe trabalhadora e o Partido Trabalhista britânico.[3] Foi nesse contexto que o novo coronavírus serviu como golpe de misericórdia para o populismo de esquerda, com as forças de centro-direita superando seus adversários políticos após a pandemia.

Se a esquerda tem sido, com frequência, uma coalizão entre liberais progressistas e socialistas, então podemos generalizar em diferentes contextos e concluir que, nos dias de hoje, a esquerda é predominantemente influenciada por sua facção liberal. Tradicionalmente, a esquerda percebia a classe trabalhadora de duas maneiras que, embora distintas, se relacionavam. Por um lado, essa classe era vista como *objeto* da política, buscando-se melhorar o bem-estar da maioria dos trabalhadores por meio de redistribuição, grandes projetos sociais e desenvolvimento econômico. Por outro, também era vista como *sujeito* da política, tendo-se como objetivo definidor da política e da luta de classes a meta de um governo autônomo da classe trabalhadora. Em termos gerais, podemos dizer que a última representa uma abordagem socialista da classe trabalhadora, priorizando a ação, enquanto os liberais e reformistas de todos os tipos se sentem mais confortáveis com a primeira, enfatizando o bem-estar. Embora muitas vezes combinados nas lutas por democracia e melhores condições de trabalho, o significado do predomínio liberal na esquerda atual é que agora há muito poucos defensores da noção da classe trabalhadora como *sujeito* da política. Esse espaço tem sido preenchido por uma série de argumentos culturais relacionados à comunidade, ao pertencimento e à nação, geralmente conduzidos pela direita.

A crise desencadeada pela covid-19 pôs em dúvida muitas outras questões. Para citar algumas: a resiliência e a conveniência de cadeias de abastecimento globalmente integradas; a lucratividade e a existência contínua de pequenas e médias empresas; o papel dos bancos centrais independentes no controle rígido da oferta de moeda — e, de fato, sua própria independência; os arranjos de trabalho e deslocamentos diários; ou os controles de fronteiras relativamente frouxos. E isso ocorreu antes que as consequências econômicas e políticas de longo prazo se manifestassem por completo. Obviamente, a expectativa de que a recessão econômica e os deslocamentos diários radicalizarão a população está equivocada. A crise da covid-19 foi um choque exógeno, que voltou a atenção para a forma como os políticos lidaram com essa crise e não para as operações do próprio capitalismo. Mas mesmo que ela fosse seguida por um evento endógeno — digamos, originado no acúmulo de dívidas da China — isso não necessariamente se mostraria favorável para a esquerda. A questão é que a "grande moderação" dos anos 1990 e 2000 já passou há muito tempo — o futuro será turbulento, e isso ao menos promete trazer novas possibilidades.

O neoliberalismo está claramente se desmantelando e já foi desacreditado em muitas partes do mundo. No entanto, isso é resultado mais de suas contradições internas do que de desafios externos. A autoridade política do neoliberalismo se enfraquece à medida que mostra sua incapacidade de proporcionar melhores padrões de vida para a maioria, bem como qualquer senso significativo de propósito social. Atualmente, uma série de opções parece possível para um acordo pós-neoliberal. O argumento deste capítulo é, em grande parte, uma tentativa de mapear essa desorganização da política e propor três novos polos que poderão surgir no futuro.

8.1 Respostas ao colapso da ordem neoliberal

A pandemia revelou uma dupla debilidade: a dos Estados em todo o mundo no gerenciamento do coronavírus e na proteção de seus cidadãos, mas também o enfraquecimento da resposta da esquerda à pandemia e os desafios concretos de criar uma alternativa convincente à oferecida pelo capitalismo.[4] A partir de tendências que antecederam a crise da covid-19 e, em muitos casos, que foram aceleradas por ela, estimamos que a política da próxima década parecerá estranha aos observadores que acreditam que o antigo modelo de esquerda/direita do final da Guerra Fria retornará após o Fim do Fim da História. Na verdade, as organizações e os setores da sociedade que reivindicam o legado da centro-esquerda poderá acabar defendendo o status quo ante, enquanto uma nova direita proporá desafios reformistas ou reacionários ao capitalismo liberal.

Sintetizando fenômenos a partir de diversos contextos nacionais — embora com foco na Europa e na América do Norte — podemos delinear três respostas diferentes. O amplo centro pós-neoliberal abrirá caminho para um modelo mais capitalista de Estado, promovendo maiores gastos e investimentos públicos, bem como uma atenção às desigualdades regionais que se desenvolveram nas sociedades industriais avançadas nos últimos 30 anos. Esse conservadorismo pós-neoliberal fará um esforço plausível para se tornar a ideologia hegemônica da próxima década e para fornecer a base de um acordo pós-coronavírus. Para isso, precisará cooptar parcelas das massas, sejam elas as classes médias em declínio, a antiga classe trabalhadora, ou os novos trabalhadores em ocupações precárias — muito provavelmente, alguma combinação entre esses fatores. Em termos mais básicos: ele se moverá "para a esquerda" na economia e "para a direita" nas questões culturais.

Aquilo que é chamado de "liberalismo" na América do Norte — na Europa, de esquerda liberal ou esquerda institucional — provavelmente enxerga a política como um processo de gerenciamento de conflitos e encontrará sua motivação para a mudança a partir de um impulso fundamentalmente caritativo e moral. Portanto, o liberalismo de esquerda na próxima década será melhor compreendido como "tecnocracia progressista". À medida que o modo tecnocrático de governo for sendo separado de seu invólucro neoliberal, a centro-esquerda o abraçará com ainda mais entusiasmo, uma vez que estará livre de sua associação com a economia neoclássica. Isso não deveria surpreender, pois essa "esquerda" representará os interesses, acima de tudo, da classe profissional-gerencial, caracterizada por seu alto capital cultural e fidelidade à racionalidade imparcial. Será uma ironia da história o fato de que, na próxima década, aqueles que se identificam com a "esquerda" serão os que mais contribuirão com a defesa e ampliação (dos aspectos "progressistas") do neoliberalismo — política baseada em dados concretos, "tolerância" multicultural, globalização etc.

Se a nova centro-direita se tornar mais nacionalista, tanto em sua política econômica quanto em seu discurso, o que acontecerá com a extrema-direita reacionária? O sucesso do novo *establishment* na incorporação de energias antipolíticas determinará o vigor das forças reacionárias. Se uma centro-direita mais reformista representar uma tentativa de legitimar novamente o capitalismo, às custas de algumas concessões por parte da alta burguesia, então as ideologias reacionárias poderão falar em nome de uma pequena burguesia ressentida (especialmente se as respostas do Estado à crise da covid-19 não forem capazes de oferecer perspectivas de longo prazo aos proprietários de pequenas empresas). Embora seja difícil prever exatamente o formato da reação, é provável que duas vertentes ganhem destaque: uma delas, um populismo autoritário, baseado no anseio por um líder forte e um Estado forte para compensar a falta de autoridade política; a outra, uma narrativa malthusiana com ênfase na limitação dos recursos, com a concomitante necessidade de reduzir as populações excedentes, eliminando *outsiders* e outros elementos vistos como corruptores da população "nativa".

Tabela 8.1: A estrutura do conflito ideológico, década de 2020

Ideologia característica	Posição no espectro	Ideias fundamentais	Tom/Discurso	Interesses de classe correspondentes
Capitalismo de Estado / Conservadorismo pós-neoliberal / Corporativismo	Do centro para a direita	Condução dos investimentos pelo Estado Tratamento de disparidades regionais Renegociação da globalização Restrições éticas/ sociais à empresa capitalista Incorporação de setores das massas	Nacionalista brando/ comunitarista/ populista	Classe média, setores da classe trabalhadora; concessões a partir da classe capitalista
Tecnocracia progressista	Centro--esquerda	Redentorismo tecnológico, supranacionalismo verde Interseccionalidade Antifascismo/frente popular Minoritarismo moral	Moralista / Tecnocrático / Alternadamente alarmista e superficialmente otimista	Classe profissional--gerencial; segmentos *woke* do capital
Populismo autoritário	Extrema--direita	Populismo anti-imigração Organicismo (concepção ecológica de nação) Fortalecimento do aparato repressivo do Estado Resposta à "crise de autoridade" via fortalecimento do líder individual	Antipolítico/ xenófobo	Pequena burguesia, setores da antiga classe trabalhadora

Como evidenciado por esta apresentação, a direita dominante inovará, enquanto a esquerda ficará estagnada. Isso se deve fundamentalmente à aversão da esquerda liberal à nação e às massas que a compõem. Incapaz de responder tanto às aspirações conservadoras de pertencimento quanto às radicais por democracia soberana, a esquerda liberal buscará refúgio em outras áreas, olhando saudosa para a era da globalização.

8.2 Capitalismo de Estado: a nova centro-direita

Haverá — aliás, já está havendo — uma virada conservadora e nacionalista das forças tradicionais da ordem. Tendo adotado o neoliberalismo até duas gerações atrás, a crise da covid-19 motivará essas forças a buscar inovações em uma tentativa de conquistar eleitores: tendo perdido seus apoiadores da classe profissional, tentarão capturar os eleitores da classe média em declínio bem como da classe trabalhadora. O efeito funcional disso seria a reconstrução da legitimidade do capitalismo por meio de reformas importantes. É possível que vejamos o desenvolvimento de um modelo de conservadorismo pós-neoliberal que busca aliar os interesses de classe tradicionais do capital com setores da classe trabalhadora "abandonados" e desiludidos pelo neoliberalismo progressista. Ainda que algumas políticas neoliberais austeras certamente acabem permanecendo, o *establishment* se aproximará de um modelo de capitalismo de Estado, promovendo maiores gastos e investimentos públicos. Com a manutenção da *lowflation* [inflação em níveis ultra baixos], a margem de manobra dos principais países será significativa, ao menos para aqueles monetariamente soberanos. O endividamento do Estado e a emissão de moeda continuarão impulsionando o crescimento e a incorporar setores das massas nesse novo projeto nacional.

À medida que os conservadores pós-neoliberais tentam estabelecer projetos hegemônicos, é provável que as visões de "capitalismo ético", que em uma época anterior tinham como foco os consumidores individuais, sejam aplicadas a estruturas corporativas e políticas nacionais. Por exemplo, em agosto de 2019, o Business Roundtable, grupo de diretores executivos das maiores empresas dos EUA, retirou de sua definição sobre o propósito de uma corporação ao famoso ditame de Milton Friedman "o acionista em primeiro lugar". Em seu lugar, declararam que as empresas devem ter como objetivo "melhorar a sociedade" e, ao mesmo tempo, tratar os funcionários, o ambiente e suas práticas comerciais de forma ética.[5] A percebida falta de legitimidade e apoio popular em relação à classe empresarial, bem como seus receios de insurreição, os levarão a estender as abordagens "éticas" para preocupações materiais mais tradicionais.[6] Como afirmou o editor do *Financial Times*, Lionel Barber, durante o lançamento da plataforma do jornal "The New Agenda" em setembro de 2019: "A saúde de longo prazo do capitalismo de livre iniciativa dependerá de gerar lucro com propósito".[7] Uma maneira de enfatizar isso pode ser exibindo esforços de *reshore* [a "repatriação" de atividades produtivas] e da criação de empregos domésticos, em vez de recorrer a questões liberais de gênero e raça.

Um modelo da nova política de centro-direita, mais nacionalista, pode ser encontrado no Partido Conservador de Boris Johnson no Reino Unido. Em grande medida, o Brexit, e depois a crise da covid-19, abriram caminho para o conservadorismo pós-neoliberal ao criar a necessidade política de intervenção estatal em larga escala, ilustrando a rapidez com que as posições de austeridade foram deixadas de lado. Na abordagem de Johnson, é possível presenciar uma combinação de governo forte e valores antiliberais, representando a renovação de um modelo antigo de "Conservadorismo de Uma Nação". Como disse um dos autores do manifesto conservador de 2019, trata-se de um apelo às pessoas com valores conservadores ("eles querem que os criminosos sejam punidos"), mas que também dependem muito do Estado e de seus serviços.[8] Esse conservadorismo pós-neoliberal é proposto como uma via intermediária entre as consequências negativas da hiperglobalização, de um lado, e um populismo nacionalista de extrema direita, do outro. Um modo de fazer isso será diminuindo a divergência entre os centros metropolitanos e as cidades de médio porte e áreas rurais. Isso levaria a centro-direita a conquistar novos grupos eleitorais nos quais talvez nunca tenha encontrado apoio, tais como a antiga classe trabalhadora do "rust-belt" [cinturão da ferrugem], áreas desindustrializadas do Meio-Oeste e parte do Nordeste dos Estados Unidos. A questão da viabilidade de médio prazo desse projeto é até que ponto esses setores da classe trabalhadora que foram atraídos para ele poderão ser mantidos; um dos principais fatores será, é claro, se a esquerda for bem-sucedida nas tentativas de reconquistar esses territórios ou se, em vez disso, se afastará deles por considerá-los irremediavelmente perdidos, racistas, xenófobos etc.[9]

O governo Johnson, liderado pela elite tradicional, é apenas um exemplo da tentativa de suavizar o Estado "duro, mas oco". O Partido Republicano nos EUA já repeliu a maior parte das elites profissionais e agora se tornou uma aliança desconfortável entre sua turma de doadores (que só estão lá "porque não são inteligentes o suficiente para reconhecer que o Partido Democrata oferece um serviço de lavagem de reputação muito mais eficaz")[10] e uma base de eleitores que odeia esses doadores. O partido é, portanto, um caso mais demótico do que os democratas; se houver um acordo com a base de doadores (por exemplo, oferecendo protecionismo a determinados setores), sua transformação no sonhado "partido da classe trabalhadora" do estrategista Steve Bannon continuará.[11] Trump já iniciou esse processo, mobilizando o sentimento antipolítico. O realinhamento político e de classe, hoje em andamento, fortaleceria essa dinâmica. Pode ser que de fato tenha uma ênfase mais nativista, buscando subornar — e de fato criar — súditos leais com base em critérios raciais, em um novo corporativismo com nuances de populismo autoritário (o terceiro polo ideológico, a ser discutido a seguir).

Na Alemanha, a união dos partidos CDU-CSU já enfrenta pressões internas para deslocar-se à direita. Embora flexibilizar as severas medidas de austeridade impostas à periferia europeia possa não estar nos planos, um arranjo mais estatista e nacionalista *no âmbito doméstico* pode ser uma possibilidade. Na França, o abandono das reformas neoliberais por parte de Macron pode indicar o caminho para um falso gaullismo, com políticas econômicas mais *dirigistas* e protecionistas, superando o desafio perpétuo do grupo pós-fascista de Le Pen. Tanto abandonar quanto arrastar consigo os partidários da classe profissional pode ter um custo pequeno se comparado aos potenciais ganhos.

8.3 Tecnocracia progressista: a nova centro-esquerda

A esquerda institucional se encontrará em uma posição ainda mais desafiadora do que a atual. Há vários motivos pelos quais a esquerda poderia facilmente cair na posição historicamente paradoxal de apoiar uma ordem neoliberal em ruínas. O que já caracteriza o eleitor de centro-esquerda é seu nível educacional mais alto. Isso sugere que um grande realinhamento está em andamento, à medida que se enfraquece a aliança entre a classe média orientada para o Estado e a classe trabalhadora organizada. É provável que os partidos e movimentos chamados de "esquerda" continuem sendo fortemente influenciados pelos interesses, preocupações e valores da classe profissional-gerencial. Certamente há outras clivagens demográficas relevantes: a esquerda é mais jovem, mais feminina, mais urbana e mais liberal do ponto de vista social e cultural, mas nenhuma dessas características lhes dará a maioria social necessária para criar um bloco hegemônico, nem mesmo para ganhar eleições de maneira sólida, se não conseguir persuadir os eleitores da classe trabalhadora de que pode oferecer-lhes ganhos materiais reais. Até o momento, as evidências sugerem que a composição da PMC de esquerda tem o efeito de gerar apoio às instituições existentes, impedindo-a de buscar uma ruptura política — algo necessário para tornar as alternativas radicais mais do que meras palavras escritas.

Em segundo lugar, essa esquerda não teria uma orientação ideológica independente. Os partidos social-democratas foram desacreditados por sua acomodação ao neoliberalismo em todo o mundo. O populismo de esquerda prometeu revigorar esses partidos ou criar novos em substituição aos antigos nessa ponta do espectro. Embora tenhamos afirmado o tempo todo que esse momento já passou, o efeito da mudança de valores entre os eleitores de centro-esquerda pode ser empurrar os partidos existentes "para a esquerda" em determinadas questões — em termos de interseccionalismo, ambiente ou certos aspectos relacionados a serviços públicos. Mas o que queremos dizer com falta de "independência" é que esse posicionamento será parasitário para os movimentos feitos pelo novo centro nacionalista. A centro-esquerda se verá oferecendo nada mais do que críticas morais e técnicas aos partidos governistas, em vez de estar fundamentada em uma perspectiva materialmente antagônica a eles.

A esquerda proporá uma abordagem que combina políticas administrativas e humanitárias, a que chamamos de tecnocracia progressista. É a promoção de uma pauta "progressista" sem desafiar os interesses do capital — na verdade, isso poderia até ser visto como uma representação da ala extrema esquerda do capital. Embora a tecnocracia progressista já seja a ideologia oficial dos partidos institucionais de centro-esquerda (como o Partido Democrata nos EUA), essa ideologia se estenderá muito mais, chegando à esquerda "socialista". Provavelmente haverá inclusive uma fusão entre esses campos.

Já vimos como foram traçadas as linhas de batalha em relação às respostas sanitárias à pandemia. A esquerda se uniu à tecnocracia: insistiu de maneira estreita em "seguir a ciência" e nos lockdowns. As vozes discordantes vieram principalmente da direita. A resposta da esquerda aos governos tem sido insistir em uma implementação melhor e mais inteligente das políticas, ou criticar as políticas por suas consequências desiguais (por exemplo, que as consequências negativas recaem mais sobre as minorias étnicas). Isso não é uma oposição de princípios, mas um refinamento moral e técnico. A centro-direita define a melodia, a centro-esquerda marcha junto, corrigindo o timbre e o compasso. O que estamos vendo aqui é, na verdade, um ensaio geral para a iminente batalha em torno das políticas relacionadas à mudança climática.

Programas semelhantes ao Green New Deal [New Deal Verde] (GND) têm chances de tornar-se predominantes após a covid-19, podendo ser implementados por governos tanto de centro quanto de direita. É claro que provavelmente se mostrarão inadequados para reduzir significativamente as emissões e promover uma transição para energias limpas. Contudo, dado que sua base eleitoral está mais envolvida na produção direta (seja como trabalhadores ou proprietários de capital produtivo), serão sensíveis aos impactos negativos nos padrões de vida. A centro-esquerda, enraizada no setor público, no "setor não governamental" e na produção "imaterial", não terá tais escrúpulos e ficará livre para pressionar por metas de emissões mais agressivas, alheia às preocupações materiais. As consequências de seu apoio público serão negativas, como é visível no desafio dos Coletes Amarelos a Macron. Qualquer êxito que a centro-esquerda vier a obter em influenciar a direção de políticas será por meio da adoção de propostas técnicas pelos políticos ou na busca por inflexões mais punitivas do ambientalismo.

Os elementos radicais encontrados nas propostas "socialistas" contemporâneas para um GND — tal como programas de emprego garantido ou a socialização do investimento — não encontrarão adeptos. Desmotivada pelos aspectos liberais e antipopulares da política ambiental, a classe trabalhadora não se alinhará às propostas radicais do GND. Para que esse tipo de programa seja posto em ação, seria necessário que a esquerda fundamentasse suas reivindicações nos interesses materiais das massas (por exemplo: maior mobilidade, mais espaço para morar, mesmo que isso signifique suburbanização, entre outros). A aversão da esquerda à nação, a grandes contingentes de seus próprios cidadãos, a impedirá de adotar esses tipos de demandas; a esquerda socialista permanecerá atrelada à sua ala liberal, até a ruína.

O mantra passará a ser, então, que problemas globais exigem soluções globais. Não tendo conseguido conquistar o poder executivo no âmbito nacional, buscará agir no âmbito supranacional, como uma forma de evitar a necessidade de ter de conquistar o apoio da maioria no plano doméstico. A atração reside na possibilidade de garantir que supostos benefícios ou soluções preferenciais possam ser "preservados" (ou seja, protegidos contra a influência democrática), principalmente no contexto das políticas ambientais.[12] Nem a reiterada incapacidade de alcançar progressos significativos nesse nível, nem o retorno de outras forças à esfera nacional como a principal escala de governança deterão a esquerda liberal. O lançamento em 2020 da Internacional Progressista global baseia-se nas tentativas infrutíferas do Democracy in Europe Movement 2025 [Movimento pela Democracia na Europa 2025] (DiEM-25) de fortalecer-se no âmbito europeu, e apontando nessa direção. Como uma tentativa de se contrapor à Internacional Nacionalista de Bannon, ela fracassará estrepitosamente: a classe trabalhadora não conseguiu, ao longo de décadas, tomar controle do Estado nacional. Por que então ela seria capaz de atuar em um patamar ainda mais elevado? O atalho de contornar a política nacional não terá êxito. Na verdade, está predestinado à derrota passando a fazer parte de uma retirada mais ampla do terreno do Estado-nação e da democracia nacional. A movimentação antimajoritária poderá até fazer com que a esquerda recorra ao judiciário como árbitro "neutro" dos conflitos políticos, ao perceber que não tem influência sobre os órgãos representativos (cada vez mais esvaziados).

A retirada da esfera nacional não será apenas "para cima" e "para os lados", mas também "para baixo". A centro-esquerda proporá uma série de medidas destinadas a promover o "engajamento cívico" ou a "participação da comunidade". Assembleias de Cidadãos já foram convocadas com o objetivo de oferecer consultoria climática ao governo do Reino Unido.[13] Cúpulas, júris e painéis de cidadãos, todos eles têm como objetivo a participação em vez do poder, a incorporação tecnocrática das pessoas na política para gerenciar conflitos. Da mesma forma, os cada vez mais populares modos deliberativos de envolvimento, eventos deliberativos ou workshops com partes interessadas são ferramentas características dos bem-intencionados tecnocratas, pois criam o simulacro de um processo democrático no qual as pessoas são reunidas para fornecer uma solução aparentemente coletiva a um problema, mas as decisões carecem de qualidade vinculante ou já foram tomadas com antecedência. Embora impossibilitada de ganhar força na esfera transnacional, a esquerda pode encontrar algum grau de sucesso na política municipal, seguindo o exemplo de Barcelona na década de 2010.[14] Esse será um meio de consolidar-se nos centros urbanos — as chamadas "cidades rebeldes" — que são o bastião da esquerda.

A centro-esquerda também pode enfatizar o aspecto "tecnológico" da tecnocracia, como manifestado nas visões do "Fully Automated Luxury Communism" [Comunismo de Luxo Totalmente Automatizado] (FALC) ou na versão contemporânea da "Californian Ideology" [Ideologia Californiana].[15] Se o tom predominante dessa esquerda for sombrio e moralista, esses elementos oferecerão um contraponto otimista. No FALC, vemos a construção, por meio de uma extrapolação das tendências tecnológicas atuais, de uma era potencial de fartura na qual os padrões de vida seriam consideravelmente mais altos do que os de hoje. No entanto, essa também é uma visão despolitizada, na qual a mudança política é alcançada não por meio da participação em massa, mas por um decreto tecnológico. Trata-se de um mundo que transcende o trabalho e o capitalismo, sendo alcançado pela edição genética e pelas energias renováveis, e não pela luta política coletiva. Não se exige que as massas promovam a mudança política; em vez disso, elas são seduzidas com melhorias materiais. Essas melhorias, por sua vez, acabam *compensando* a ausência de controle individual e coletivo sobre as condições de vida ou trabalho. Embora seja improvável que o FALC se concretize, várias ideias pós-trabalho podem vir a florescer, como a Renda Básica Universal ou a redução do tempo de trabalho. Essas ideias poderão chegar a ser implementadas pelos governos, mas, na ausência do poder da classe trabalhadora, elas se tornarão formas de apaziguar os trabalhadores, mascarar o desemprego e/ou reduzir serviços públicos. Nessa perspectiva, nada é excessivo para a classe trabalhadora, exceto a autodeterminação.

De forma semelhante, na ideologia do Vale do Silício encontramos uma mistura de ideias hippie e yuppie, combinadas com uma crença na promessa libertadora da tecnologia. Sua inclinação para a esquerda envolverá uma tentativa de resolver problemas sociais por meios técnicos, fazendo uso do apoio da esquerda entre os trabalhadores da tecnologia. Mas, como explica Evgeny Morozov, há uma circularidade esmagadora nessa lógica: em primeiro lugar, somente as questões que podem ser resolvidas pela tecnologia são definidas como "problemas".[16] Morozov chama isso de "solucionismo" e é algo presente no desejo característico do setor de tecnologia de resolver dois problemas: conectar as pessoas e facilitar as coisas do dia a dia. Adam Greenfield descreve o último como a promoção de uma "ideologia da facilidade", segundo a qual qualquer atrito relacionado às tarefas cotidianas — e especialmente às compras — precisa ser eliminado.[17] Contornando a hostilidade contra as gigantes da tecnologia, essa abordagem pode ser aplicada a atividades não mercantis, como a solução de problemas comunitários, talvez no âmbito do governo municipal. Porém, sem o poder do Estado, essas iniciativas serão mais do tipo "virar-se e consertar" do que uma verdadeira reforma social — e muito menos uma revolução. Essa visão é a essência da tecnocracia progressista: buscar melhorar a vida das pessoas por meio de soluções técnicas, evitando a necessidade de luta e confronto político.

O efeito combinado será uma esquerda que defende os aspectos políticos e culturais do neoliberalismo que professa desprezar. O papel histórico de figuras como Corbyn e Sanders terá sido o de imunizar os jovens contra a política verdadeiramente radical, ao mostrar-lhes sua aparente impossibilidade. A consequência será justificar a transição de seus partidos para uma posição que busca, tanto quanto possível, excluir a participação das massas nos processos de tomada de decisão. A esquerda continuará incapaz de alcançar a política soberana e nacional, um domínio que o neoliberalismo foi projetado para desarmar. Em vez disso, os progressistas optarão por atuar no âmbito municipal, no cotidiano ou no supranacional — precisamente a arena para a qual o neoliberalismo buscou deslocar a política, um lugar onde ela não poderia causar danos.

Por fim, a posição paradoxal de se ter uma "esquerda" defendendo o neoliberalismo será justificada por meio da referência à ameaça do fascismo. O fascismo da Europa do início do século XX foi relegado à lata de lixo da história. Como os marxistas, de Trotsky a Gramsci, perceberam, uma condição fundamental para o surgimento do fascismo é a presença de uma ameaça revolucionária à burguesia, o espectro do poder da classe trabalhadora — algo que não está presente hoje. O antifascismo na década de 2020 se aproveitará da inclinação do centro em direção a um nacionalismo mais acentuado (e, de fato, os elementos de apoio da classe trabalhadora a esse movimento) para argumentar, erroneamente, que o fascismo está de volta. A política organicista de extrema direita — sobre a qual falaremos adiante — também parece reforçar o argumento alarmista da esquerda. O objetivo desse "antifascismo" é puramente ético: ele confere significado, urgência e legitimidade moral à esquerda, não importa contra quem ela esteja lutando ou que interesses esteja defendendo. O conservadorismo pós-neoliberal que provavelmente dominará a próxima década não é um projeto fascista, independentemente de suas inflexões nacionalistas ou autoritárias. Christophe Guilluy argumenta que o antifascismo atual é essencialmente uma arma de classe usada pela PMC contra os trabalhadores, como uma forma de desacreditar as reivindicações destes últimos, sem importar seu conteúdo real. Segundo ele afirma em uma passagem particularmente incisiva, "[o] alvo do antifascismo hoje na moda... é a classe trabalhadora, que deve ser associada ao fascismo para desacreditar as queixas de uma [classe] inferior... contaminada pela doença do 'populismo'".[18] O resultado político será tentativas perpétuas de criar uma "frente popular" entre os liberais, a esquerda e até mesmo alguns conservadores — atrasando a tarefa de criar uma política radical e independente para a classe trabalhadora.

8.4 Populismo autoritário: a extrema direita

Políticas reacionárias assustadoras, contudo, continuarão surgindo. Sua amplitude, porém, dependerá do êxito (ou da ausência dele) da incorporação, pela política convencional, de setores das massas em um novo projeto nacional, bem como da absorção de energias antipolíticas. Se o novo centro nacionalista for incapaz de apaziguar a revolta anti-*establishment* — e se a esquerda for incapaz de dar voz a ela — a política de extrema direita sairá favorecida. É possível que a Alt-Right americana, conforme descrita em *Kill All Normies* de Angela Nagle, tenha atingido seu limite, com seu transgressivismo desgastado. Mas continuarão existindo jovens alienados (especialmente homens jovens) nos EUA e em outros países, que talvez busquem politizar a identidade branca (e masculina?).

O vazio contínuo de autoridade política, entretanto, poderá levar a extrema direita a se unir em torno da necessidade do surgimento de uma "grande personalidade" ou de um homem forte que se apresente como a solução para a deriva do momento político, ou como o salvador ou redentor da nação — especialmente em um país em declínio terminal como os Estados Unidos. Esse populismo do homem forte do século XXI aproveita o vazio da autoridade política e tenta substituí-la pela força direta. Se uma parte da população vier a enxergar o colapso do neoliberalismo como resultado de um *excesso* de democracia (interpretada como instituições representativas ou instituições contramajoritárias), e não devido a um *déficit*, então a política autoritária ganhará força. A trajetória do Brasil no final da década de 2010 — explorada no Capítulo 5 — oferece um modelo em que a incorporação populista de um sentimento antipolítico generalizado levou à eleição de Bolsonaro.[19] Se o Estado neoliberal é "duro, mas oco", então a solução da extrema direita para a intratabilidade política e seus desvios é aumentar a parte "dura".

Outro desdobramento pode implicar uma confluência entre xenofobia e concepções malthusianas. Já são visíveis certas vertentes reacionárias e anti-humanistas na política ambiental, com um tom claramente austero e anti-imigrante. Ao se deparar com uma pandemia global, uma linha de pensamento tem sido a de realçar os elementos catastróficos, culpando os seres humanos como responsáveis pelo vírus e celebrando a vingança da natureza. Uma interpretação nacionalista veria uma rejeição vigorosa da globalização e do cosmopolitismo: o corpo orgânico da nação nativa é ameaçado por influências externas deletérias, e a limitação de recursos exige sua exclusão. A Áustria já tem uma coalizão entre a direita conservadora e os ambientalistas, por exemplo. A disseminação e o crescimento da consciência ecológica podem ir ao encontro da política populista de direita existente, especialmente em lugares como a Alemanha ou a Suíça. Obviamente, a ecologia — assim como a preocupação com a identidade — sempre foi uma tradição reacionária. O período que se aproxima os verá retornar ao seu lar natural na direita, depois de meio século sob as asas da nova esquerda.

Em toda a ala direita, portanto, é provável que a próxima década manifeste uma combinação de respostas reformistas e reacionárias ao colapso do neoliberalismo. Dessas respostas, um conservadorismo pós-neoliberal parece oferecer o modelo mais viável para um projeto hegemônico de curto prazo com o mínimo de perturbações. Isso parece plausível nas democracias mais consolidadas, como o Reino Unido. Em outros lugares, os limites entre a extrema-direita e a centro-direita podem ser mais tênues e a situação menos estável. Na periferia europeia — na verdade, na semiperiferia global como um todo — é provável que ocorram resultados mais autoritários, que poderão envolver a continuidade de políticas neoliberais punitivas.

O que é importante observar, no entanto, é que, se uma nova hegemonia for alcançada, ela não terá como base a força da visão, mas sim a fraqueza da oposição da esquerda. Essa fraqueza persistirá enquanto a esquerda estiver enraizada no "minoritarismo moral" (uma preferência por argumentos morais em detrimento da construção de projetos políticos elaborados para conquistar o poder por meio de processos majoritários de tomada de decisões). Se a direita alcançar a hegemonia, então, será uma *hegemonia condicional*, que dependerá da fraqueza da esquerda.

8.5 Desesperar, jamais

O mapa ideológico da próxima década será determinado de acordo com a capacidade do centro de incorporar e responder à antipolítica e oferecer novas condições para a acumulação de capital. Ele tentará fazer isso promovendo um modelo de capitalismo de Estado. A esquerda institucional, ao abraçar a tecnocracia progressista, provavelmente se tornará a defensora mais veemente de alguns aspectos do status quo ante. Sua posição em relação ao novo centro será de crítica moral e técnica; a resposta à extrema direita será tentar criar uma frente popular. Na extrema-direita, uma série de diferentes respostas reacionárias ao colapso do neoliberalismo parece possível, e todas elas exigirão uma ação estatal mais forte (seja nas fronteiras da sociedade ou dentro dela), como resposta à fraca autoridade do centro.

Devemos deixar claro que isso não é motivo para desespero entre os socialistas. A derrota do populismo de esquerda e a morte final da social-democracia representam uma chance para um movimento direcionado a construir o autogoverno da classe trabalhadora. Apesar das extraordinárias respostas contra a crise que acabamos de ver, o capitalismo global continua estagnado. Tal como o neoliberalismo apresentou uma solução inadequada para a crise da década de 1970, o que quer que venha a surgir não resolverá totalmente as crises da década de 2010. Conforme já exploramos, a centro-direita não terá novas ideias, oferecendo apenas um corporativismo requentado. Agora que os modelos mais antigos fracassaram, talvez haja uma abertura para um novo socialismo no Fim do Fim da História.

Capítulo 9
Conclusão

O Fim da História dava a impressão de que duraria para sempre. Mas o fato de ter desmoronado tão rapidamente e com tão pouca oposição genuína e organizada mostrou quão frágil ele havia se tornado. O primeiro golpe econômico veio na esteira da Crise Financeira Global de 2008, do choque político em 2016 e de seu colapso final em 2020. Tudo isso foi acelerado pela pandemia da covid-19, que desintegrou precisamente as instituições que haviam ajudado a justificar ou a sustentar o status quo ante: as cadeias de suprimentos *just in time*, justificadas por sua eficiência, ruíram, levando à escassez e exacerbando o açambarcamento da pandemia. A produção terceirizada para o Leste Asiático deixou os Estados com uma capacidade industrial esvaziada e a impossibilidade de manter a infraestrutura básica de saúde, enquanto os sistemas de saúde pública foram gradualmente degradados, drenados de recursos à medida que eram mercantilizados. A flexibilidade do mercado de trabalho, justificada com base na agilidade de adaptação, exacerbou o colapso do mercado de trabalho e o desemprego em massa, precipitando a implosão em larga escala do mercado de trabalho dos EUA. É difícil menosprezar os terríveis custos das respostas à pandemia — não apenas as consequências letais da gestão incorreta baseada em dados ruins, desiguais e conflitantes, mas também a enorme manipulação das liberdades civis por meio da implementação de lockdowns e estados de emergência e — o que é pior no longo prazo — um colapso econômico calamitoso.

O resultado foi uma distopia de baixo grau. Em todo o mundo ocidental, a esquerda tem se preparado para o renascimento da extrema direita, liderada por demagogos autoritários e carismáticos como Donald Trump e Boris Johnson, capazes de degradar a ordem constitucional e insuflar paixões nacionalistas para consolidar seu poder pessoal. Com o desmoronamento da ordem liberal, temos de fato uma distopia adequada aos nossos tempos — embora não a que esperávamos. Donald Trump, que por tanto tempo foi considerado um pretenso ditador fascista por grande parte da esquerda, não usou a ocasião de uma crise de saúde pública sem precedentes como seu "momento *Reichstag*" para tomar o poder ditatorial por meio da extensão do estado de emergência. De fato, o único líder ocidental que explorou impiedosamente o lockdown para aumentar seu poder pessoal foi o líder liberal e queridinho dos centristas Emmanuel Macron, que usou as leis de emergência que ele já havia reforçado para estender e consolidar sua imagem de homem forte, enquanto, ao mesmo tempo, adotava uma política mais explicitamente gaullista e nacionalista.

Na Grã-Bretanha, Boris Johnson, considerado por grande parte da *intelligentsia* como o senhor populista do desgoverno, refugiou-se atrás das comissões de cientistas, tecnocratas e especialistas que ele e seus aliados haviam criticado em sua ascensão ao poder. Como era de se esperar, o resultado foi caótico, pois os especialistas discordavam entre si em meio ao enfrentamento de uma pandemia causada por um vírus novo e pouco conhecido. Com a renúncia da liderança britânica antes da covid-19, vimos o último surto de governo tecnocrático — mesmo quando ele se desintegrou em facções acadêmicas beligerantes fundamentadas em metodologias, suposições e modelos concorrentes. A insustentabilidade da tecnocracia como modo de governança foi claramente revelada na irregularidade e má administração das políticas de *lockdown* em todo o mundo ocidental.

Se o novo coronavírus destruiu a legitimidade da tecnocracia, ele também consumou a destruição da revolta populista de esquerda nas urnas. Como vimos ao longo do livro, o populismo de esquerda se desintegrou ou confrontou seus limites em vários pleitos — a capitulação do senador Bernie Sanders diante de Joe Biden nas primárias democratas de 2020, a derrota eleitoral do Syriza em 2019 após sua rendição à UE em 2015, a derrota de Corbyn para os conservadores de Johnson em 2019 após abraçar um segundo referendo, a queda do Podemos em uma aliança com o velho e cansado Partido Socialista da Espanha... A covid-19 completou esse processo, abreviando algo que, sem ela, teria sido um declínio mais tortuoso. Isso se tornou mais evidente nas políticas econômicas de emergência lançadas pelos governos para responder ao colapso do consumo e investimento, que foi antecipado pelas respostas do governo ao vírus: nos EUA, uma renda básica universal trumpiana e um renascimento da política industrial de emergência dos tempos da Guerra Fria; no Reino Unido, o Estado não somente nacionalizou, de maneira solapada, as ferrovias — uma aspiração antiga do Partido Trabalhista — como também nacionalizou a maior parte da folha de pagamento britânica.

A rapidez com que os governos que haviam sido tachados como de extrema direita e fundamentalistas de livre mercado utilizaram a capacidade e os recursos do Estado para administrar a pandemia e desmobilizar drasticamente a economia é algo deveras impressionante. Não é preciso dizer que pouco disso é de fato progressista no sentido real do termo, sem mencionar que é corrupto, hesitante e desigual. Sem dúvida, haverá disputas políticas relacionadas à restauração da normalidade e a como lidar com os consequentes picos de empréstimos e gastos do Estado. No entanto, embora os populistas de esquerda possam reivindicar de forma patética uma validação retrospectiva de suas políticas econômicas preferidas, eles não conseguem mais oferecer qualquer alternativa única à direita, que já assimilou o terreno político do *dirigismo*, enquanto os dogmas do livre mercado — sempre prestigiados mais na violação do que na observância — desmoronam. Os social-democratas e os populistas de esquerda podem agora se apresentar como melhores gestores de uma nova ordem político-econômica, mas o colapso de seu atrativo diferenciado os força a retornar ao terreno tecnocrático, oferecendo-se como gestores mais eficazes dessa nova disposição, talvez com proteções e benefícios adicionais para os vulneráveis.

A pandemia da covid-19 completou a dissolução do regime do Fim da História, e o resultado imediato foi uma distopia aconchegante para a *intelligentsia* de esquerda: uma escalada drástica do poder e da coerção do Estado e o colapso dos mecanismos capitalistas de mercado conduzidos pelo Estado, com as classes médias confinadas em casa, quer trabalhando à distância ou sob licença remunerada. Enquanto isso, as classes trabalhadoras — ao menos aquelas em setores como entrega, culinária, processamento de alimentos, agricultura, saúde e assistência etc. — foram obrigadas a continuar trabalhando. Apesar dos custos da pandemia — mortes, sofrimento, redução das liberdades civis e colapso econômico — existe a possibilidade de que ela possa provocar um renascimento da política popular, e talvez até da política da classe trabalhadora. O que chama a atenção sobre o momento é que, embora os Estados tenham desmobilizado regiões e países inteiros em seus esforços para desacelerar a disseminação do vírus, eles foram, ao mesmo tempo, forçados a incluir e envolver seus representados, cidadãos e eleitores de maneiras inéditas: a propaganda do Estado em torno do *lockdown* exigiu de todos os cidadãos que assumissem a responsabilidade coletiva pela saúde pública bem como a participação coletiva na proteção dos interesses sociais.

Sem dúvida, é uma forma mínima e limitada de política nacional, uma encarnação truncada da responsabilidade coletiva — "fique em casa", segundo a mensagem de muitos governos. A forma dessa visão coletiva, contudo difere dos esforços persistentes do passado para encolher e estrangular a esfera pública nas últimas três décadas, nas quais o povo foi repelido da vida coletiva, fazendo com que a ordem social fosse confiada a advogados, ativistas, especialistas remotos do governo em comissões transnacionais, banqueiros centrais, tecnocratas, o mercado, diretores executivos... e não a cidadãos comuns. Não surpreende que essa era tenha coincidido com a era do consumidor — o cidadão-eleitor privatizado e apático, incentivado a se beneficiar de inflação baixa e produtos baratos resultantes do comércio global bem como das cadeias de abastecimento, e a consumir política, por sua vez, como um espetáculo remoto e midiatizado que oferece diferentes marcas de produtos essencialmente semelhantes, sem se preocupar com as questões de como a produção funciona, é organizada ou distribuída. Isso foi deixado para os administradores das cadeias de abastecimento, investidores e negociantes mercantis, não para sindicatos ou políticos. O fato de que os empregos sujos, braçais e humildes da classe trabalhadora tenham sido inseridos na consciência pública como "essenciais" sugere que a sociedade pode ser forçada a refletir novamente sobre as questões de produção.

Por fim, em meio a toda a miséria associada à pandemia, houve alguns momentos encorajadores que indicaram a possibilidade de uma consciência política renovada por parte dos trabalhadores em relação aos seus interesses específicos como produtores. De uma só vez, a pandemia desorganizou a hierarquia de trabalho *de facto* que havia prevalecido nos últimos 30 anos, privilegiando diretores executivos, traders de títulos, empreendedores, financistas e profissionais de classe média. A dependência contínua da sociedade em relação à mão de obra "essencial" — ou seja, a classe trabalhadora — foi exposta. Em alguns lugares, os trabalhadores chegaram a reequipar espontaneamente suas fábricas para produzir equipamentos médicos, enquanto em outros, os trabalhadores se revoltaram contra as condições de trabalho exíguas e insalubres em meio à pandemia. Enquanto a classe média estava livre para se acovardar em casa e os oligarcas viam seus ativos crescendo espontaneamente como resultado dos esforços do Estado para manter a economia sob cuidados intensivos, os trabalhadores foram forçados a trabalhar. Talvez eles — e outros — passem a valorizar mais sua própria iniciativa, não apenas na manutenção da economia, mas também da própria sociedade. O limite aqui é, obviamente, que as expressões de solidariedade e interesse pessoal dos trabalhadores foram formuladas em termos de proteção contra o vírus, sem assumir o controle da sociedade em si. Para que a política volte a se ancorar no interesse dos produtores, é necessário que a vontade de se autogovernar supere a política do medo na qual a pandemia da covid-19 prospera. Assim, em meio a toda a confusão, fragmentação e histeria — no Fim do Fim da História, ainda há motivos para esperança e confiança.

Notas

Capítulo 1

1. Para citar somente alguns daqueles que faleceram em 2016: Garry Shandling, Leonard Cohen, Florence Henderson, David Bowie, Muhammad Ali, John Glenn, George Michael, Alan Rickman, Prince, Gene Wilder, Zsa Zsa Gabor. Embora alguns pertencessem à "Geração Silenciosa", a questão é que o desaparecimento de ícones da cultura popular da Guerra Fria parecia dizer algo sobre o fim de uma era no Ocidente.

2. A exceção talvez seja a Grécia, onde houve uma mobilização em massa significativa, fortalecendo o Syriza no governo.

3. Hobsbawm, Eric. *The Age of Extremes: The Short Twentieth Century, 1914–1991*. Londres: Abacus, 2011. p. 562. [versão em português, *A Era dos Extremos*, São Paulo, Companhia das Letras (1ª edição, 1995)].

4. *Ibid*. p. 563.

5. Em *Century of the Self* [no Brasil, *Século do Ego*], um documentário em quatro partes, Adam Curtis busca examinar as conexões entre o foco freudiano na vida interior e na psique e o crescimento das relações públicas e da publicidade. O título faz referência ao século XX, mas foi realmente no final desse século que o "eu" — especialmente o "eu consumidor" — passou a reinar sem questionamentos.

6. Cross, Gary S. *An All-Consuming Century: Why Commercialism Won in Modern America*. Nova York: Columbia University Press, 2000.

7. Maren Thom (/100/ What Was the End of History?), *Aufhebunga Bunga* (podcast), 10 de dezembro de 2019, https://aufhebungabunga.podbean.com/e/100-what-was-the-end-of-history-ft-many-guests/.

8. Fisher, Mark. *Capitalist Realism: Is There No Alternative?* Winchester, Reino Unido: Zero Books, 2010.

9. Calcutt, Andrew. *Arrested Development: Pop Culture and the Erosion of Adulthood*. Londres, Reino Unido: Continuum, 2000. Greil Marcus é citado ali.

10. Fisher, Mark. *Capitalist Realism: Is There No Alternative?* Winchester, Reino Unido: Zero Books, 2010.

    Ver também: Aufhebunga Bunga (/46/ Exiting Capitalist Realism), *Aufhebunga Bunga* (podcast), 30 de agosto de 2018, https://aufhebungabunga.podbean.com/e/46-exiting-capitalist-realism/.

11. Ballard, J. G. *Cocaine Nights*. Londres: Flamingo, 1996.

    Ver também: Simon Sellars (/109/Bunga Goes Ballard), *Aufhebunga Bunga* (podcast), 25 de fevereiro de 2020, https://aufhebungabunga.podbean.com/e/109-bunga-goes-ballard-ft-simon-sellars/.

12. Catherine Liu (/37/ The Ghosts of May '68, *Aufhebunga Bunga* (podcast), 16 de maio de 2018, https://aufhebungabunga.podbean.com/e/37-the-ghosts-of-may-68-ft-catherine-liu/.

13. Boltanski, Luc e Eve Chiapello. *The New Spirit of Capitalism*. Traduzido por Gregory Elliott. Londres: Verso, 2018.

    Ver também: Hochuli, Alex, "Is Contemporary Anti-Consumerism a Form of Romantic Anti-Capitalism?", 2008, https://www.academia.edu/32436755/Is_contemporary_anti-consumerism_a_form_of_romantic_anti-capitalism.

14. Reynolds, Simon. *Retromania: Pop Cultures Addiction to Its Own Past*. Londres: Faber, 2012.

15. Como uma reprise bizarra, o movimento ambientalista "Extinction Rebellion" [Rebelião da Extinção], surgido recentemente, reproduz os mesmos tropos de mais de uma década atrás, como se os anos 2000 nunca tivessem acontecido.

    Ver: Leigh Phillips (/91/ Exhaustion Revealing), *Aufhebunga Bunga* (podcast), 10 de outubro de 2019, https://aufhebungabunga.podbean.com/e/91-exhaustion-revealing-ft-leigh-phillips/.

16. Alex Hochuli (/47/ Woke Consumerism), *Aufhebunga Bunga* (podcast), 13 de setembro de 2018, https://aufhebungabunga.podbean.com/e/47-woke-consumerism/.

17. Quando a União Soviética se declarou como um formidável rival tecnológico e militar dos EUA. Ver: Milanovic, Branko, "Is the Pandemic China's Sputnik Moment?", *Foreign Affairs*, 13 de maio de 2020, https://www.foreignaffairs.com/articles/united-states/2020-05-12/pandemic-chinas-sputnik-moment.

18. É possível afirmar também que o Iraque superou a Europa Oriental no que se refere ao esforço para implantar a democracia liberal. E (por coincidência?) o Iraque hoje é palco de protestos em massa contra a corrupção.

Capítulo 2

1. Fukuyama, Francis, "The End of History?" *The National Interest*, n. 16 (julho-setembro, 1989): 3-18, https://www.jstor.org/stable/24027184.

2. De fato, a Guerra Fria chegava até você mesmo que não quisesse. Os países que reivindicavam um caminho independente de desenvolvimento acabavam rapidamente — por atração via sedução ou por repulsão violenta — nos braços de um ou outro campo.

   Ver: Vincent Bevins. (/121/ Those Murdering Bastards), *Aufhebunga Bunga* (podcast), 5 de maio de 2020, https://aufhebungabunga.podbean.com/e/121-those-murdering-bastards-ft-vincent-bevins/.

3. Veja os livros mais recentes de Fukuyama, principalmente, *Ordem e decadência Política: Da revolução industrial à globalização da democracia*. Rio de Janeiro: Rocco, 2018.

4. Fukuyama, Francis. *O fim da história e o último homem*. Rio de Janeiro: Rocco, 2015.

5. Mandelson está se referindo especificamente aos eleitores de South Wales, mas o argumento se aplica de maneira geral.

   Citado em O'Hagan, Ellie Mae, "A political earthquake — that's what it takes for the press to notice Wales", *The Guardian*, 26 de abril de 2017, https://www.theguardian.com/commentisfree/2017/apr/26/press-wales-labour-meltdown-heartland.

6. Esta seção se baseia no trabalho de Adam Tooze. Ver: *Crashed: How a Decade of Financial Crisis Changed the World*. Westminster: Penguin Publishing Group, 2018.

7. Bickerton, Chris, "Labour's Lost Working-class Voters Have Gone for Good", *The Guardian*, 19 de dezembro de 2019, https://www.theguardian.com/commentisfree/2019/dec/19/labour-working-class-voters-brexit.

8. Zakaria, Fareed, "The End of The End of History", *Newsweek*, 23 de setembro de 2001, https://www.newsweek.com/end-end-history-152075.

9. Kagan, Robert. *O retorno da história e o fim dos sonhos*. Rio de Janeiro: Rocco, 2009.

   Gat, Azar, "The Return of Authoritarian Great Powers", *Foreign Affairs*, julho/agosto, 2007, https://www.foreignaffairs.com/articles/china/2007-07-01/return-authoritarian-great-powers.

10. Jacoby, Russell. *O fim da utopia: Política e Cultura na era da apatia*. Rio de Janeiro: Record, 2001.

11. Esta seção se baseia no livro de Todd McGowan sobre Hegel, *Emancipation after Hegel: Achieving a Contradictory Revolution*. Nova York: Columbia University Press, 2019.

Capítulo 3

1. As palavras são as do primeiro presidente permanente do Conselho Europeu (2009–14), Herman Von Rompoy. Citado em Jäger, Anton., "The Myth of 'Populism'", *Jacobin*, 1º de março de 2018, https://jacobinmag.com/2018/01/populism-douglas-hofstadter-donald-trump-democracy.

2. Para uma descrição das utilizações antidemocráticas e antipopulares às quais o termo "populismo" é aplicado, ver: D'Eramo, Marco, "Populism and the New Oligarchy", *NLR 82*, julho-agosto de 2013", https://newleftreview.org/issues/II82/articles/marco-d-eramo-populism-and--the-new-oligarchy.

3. Hochuli, Alex, "Technocracy's End-of-Life Rally", *Damage*, 8 de maio de 2020, https://damagemag.com/2020/05/08/technocracys-end-of-life-rally/.

4. Schlesinger, Arthur, Jr., "It's My 'Vital Center'", *Slate Magazine*, 10 de janeiro de 1997, https://slate.com/news-and-politics/1997/01/it-s-my--vital-center.html.

5. Citado em: Siddique, Haroon, "Tony Blair Says Tories and Labour Engaged in 'populism Running Riot'", *The Guardian*, 25 de novembro de 2019, https://www.theguardian.com/politics/2019/nov/25/tony-blair--tories-labour-populism-election.

6. Mudde distorce o conceito de "vontade geral". Essa "vontade" pode ser melhor compreendida como pré-condição para o pluralismo, e não o seu oposto. Ver: Rousseau, Jean-Jacques. *Do contrato social*. Rio de Janeiro: Nova Fronteira, 2011.

   Mudde, Cass, "Populism in the Twenty-First Century: An Illiberal Democratic Response to Undemocratic Liberalism", The Andrea Mitchell

Center for the Study of Democracy, https://www.sas.upenn.edu/andre-a-mitchell-center/cas-mudde-populism-twenty-first-century.

7. Mudde, Cas, e Cristóbal Rovira Kaltwasser. *Populism: A Very Short Introduction*. Nova York: Oxford University Press, 2017.

8. Esta seção se baseia no único estudo sistemático recente sobre antipolítica: Clarke, Nick, Will Jennings, Jonathan Moss e Gerry Stoker. *The Good Politician: Folk Theories, Political Interaction, and the Rise of Anti-politics*. Cambridge: Cambridge University Press, 2018.

9. Para ilustrar as particularidades da "classe política", ver: Oborne, Peter. *The Triumph of the Political Class*. Londres: Pocket Books, 2009. Para uma visão mais recente, que analisa a maneira como os centristas têm adotado características cada vez mais "populistas", ver: Kennedy, Joe. *Authentocrats: Culture, Politics and the New Seriousness*. Londres: Repeater Books, 2018.

10. Lasch, Christopher. *The Revolt of the Elites: And the Betrayal of Democracy*. Nova York: W. W. Norton and Company, 1996. pp. 6-7. [Versão em português, *A rebelião das elites e a traição da democracia*, Rio de Janeiro, Ediouro, 1995)].

    Ver também: Lasch, Christopher. *A Cultura do Narcisismo: A vida americana em uma era de expectativas decrescentes*. São Paulo: Fósforo, 2023.

11. Glaser, Eliane. *Anti-Politics*. Londres: Repeater, 2018.

12. Gray, Freddy, "How Bloomberg Helps Bernie", *The Spectator*, 24 de novembro de 2019, https://blogs.spectator.co.uk/2019/11/how-bloomberg-helps-bernie/.

    Behr, Rafael, "Our Brexit Limbo Has Given Us Two New Parties, but the Same Old Politics", *The Guardian*, 23 de abril de 2019, https://www.theguardian.com/commentisfree/2019/apr/23/brexit-limbo-new-parties-politics-insurgent-outsider.

    Eagleton, Terry, "The Government of No One by Ruth Kinna Review — the Rise of Anarchism", *The Guardian*, 22 de agosto de 2019, https://www.theguardian.com/books/2019/aug/22/the-government-of--no-one-by-ruth-kinna-review-anarchism.

Maguire, Patrick, "Robert Kilroy-Silk: The Godfather of Brexit", *The New Statesman*, 18 de setembro de 2019, https://www.newstatesman.com/politics/brexit/2019/09/robert-kilroy-silk-godfather-brexit.

13. Smyth, Sam, "Goofy New Millennium Meets '60s Radical Chic", *Sunday Tribune*, 7 de maio de 2000.

    Righter, Rosemary, "Third Time's a Charm as Berlusconi Gets His Wish", *Irish Independent*, 16 de abril de 2008.

    Plus Ça Change. Transcrição. BBC Radio 4, 1º de abril de 2007, http://www.bbc.co.uk/radio4/transcripts/plus_ca_change2.rtf.

14. Para saber mais sobre esse conceito, ver Schedler, Andreas. *The End of Politics?: Explorations into Modern Antipolitics*. Houndmills: Macmillan, 1997.

15. Crouch, Colin. *Post-Democracy*. Londres: Polity, 2004.

16. Essa leitura da política se baseia no trabalho do filósofo francês Jacques Rancière.

    Ver: Rancière, Jacques. *O desentendimento: Política e filosofia*. São Paulo: Editora 34, 2018.

    Rancière, Jacques. *Nas margens do político*. Lisboa: KKYM, 2014.

    Rancière, Jacques. *O ódio à democracia*. São Paulo: Boitempo, 2014.

17. Zizek, Slavoj, "For a leftist appropriation of the European legacy", *Journal of Political Ideologies*, 3:1, 63-78, 1998, DOI: 10.1080/13569319808420769.

18. Rancière, Jacques. *Nas margens do político*. Lisboa: KKYM, 2014.

19. É claro que, no Terceiro Mundo, a política raramente ocorria dentro de um receptáculo democrático-liberal. As tentativas de jogar o jogo institucional, por parte de socialistas ou nacionalistas, normalmente eram esmagadas com violência, como ocorreu na Indonésia em 1965 ou

no Chile em 1973; e a política popular fora das instituições raramente conseguia forçar as instituições nacionais a se tornarem mais representativas. Mesmo no Primeiro Mundo, havia muitas atividades violentas, secretas e extrajurídicas que impediam que a política se exercitasse livremente, por exemplo, redes secretas dedicadas a impedir que os partidos comunistas ganhassem eleições.

20. Crouch, Colin, *Post-Democracy*. Londres: Polity, 2004.

21. Ince, Anthony, David Featherstone, Andrew Cumbers, Danny Mackinnon e Kendra Strauss, "British Jobs for British Workers? Negotiating Work, Nation, and Globalisation through the Lindsey Oil Refinery Disputes", *Antipode* 47, n. 1 (2014): 139-57, doi:10.1111/anti.12099.

22. Barrow, Becky, "'British Jobs for British Workers': Brown's Big Lie as Wildcat Strikes Spread over Foreign Labour Shipped into the UK", *Daily Mail Online*, 31 de janeiro de 2009, https://www.dailymail.co.uk/news/article-1131708/British-jobs-British-workers-Wildcat-strikes-spread-foreign-workers-shipped-UK.html.

23. Streeck, Wolfgang, "The Return of the Repressed", *New Left Review*, março/abril, 2017, https://newleftreview.org/issues/II104/articles/wolfgang-streeck-the-return-of-the-repressed.

24. Mallet, Victor e Roula Khalaf, "FT Interview: Emmanuel Macron Says It Is Time to Think the Unthinkable", *Financial Times*, 16 de abril de 2020, https://www.ft.com/content/3ea8d790-7fd1-11ea-8fdb-7ec06edeef84.

25. Clarke, Nick. *The Good Politician: Folk Theories, Political Interaction, and the Rise of Anti-politics*. Cambridge: Cambridge University Press, 2018. pp. 21-4.

Capítulo 4

1. Para um resumo, ver Barkan, Ross, "Will Rachel Maddow Face a Reckoning for Her Trump-Russia Coverage?", *The Guardian*, 28 de março de 2019, https://www.theguardian.com/commentisfree/2019/mar/28/trump-russia-investigation-mueller-liberal-media-rachel-maddow.

2. Exemplos não faltam. Em um site de notícias, um importante advogado especializado em direito comercial foi convidado a explicar o "No-Deal Brexit" pela ótica de novelas e filmes infantis. Telford, William, "Expert Explains No-deal Brexit by Likening It to Harry Potter", *Business Live*, 20 de junho de 2019, https://www.business-live.co.uk/economic-development/expert-explains-no-deal-brexit-16455721.

3. Se a sigla SCON não for do seu agrado, há outras formulações semelhantes, como a Síndrome Terminal do Esfacelamento Neoliberal (STEN), a Síndrome da Paranoia do Fim do Neoliberalismo (SiPaFiM), a Síndrome do Colapso do Establishment Liberal Pós-Moderno (SCELPoM) e a Colapso pela Histeria do Establishment Liberal (CHEL). A dificuldade em dar nome à síndrome talvez seja um sinal de que as formas antigas de analisar a política estão morrendo, enquanto as novas estão apenas nascendo.

4. Por exemplo, a maneira como ela se diz democrática, mas não consegue tolerar a participação em massa, ou como sua ênfase na paz social obscurece a violência necessária para mantê-la. Ver: Aufhebunga Bunga (/45/ Liberalism: A Counter-Podcast), *Aufhebunga Bunga* (podcast), 16 de agosto de 2018, https://aufhebungabunga.podbean.com/e/45-liberalism-a-counter-podcast/.

5. Wimmer, Alexander, "Die Linke", *The Full Brexit*, 13 de dezembro de 2019, https://www.thefullbrexit.com/die-linke.

6. Krauthammer, Charles, "The Delusional Dean", *The Washington Post*, 5 de dezembro de 2003, https://www.washingtonpost.com/archive/opinions/2003/12/05/the-delusional-dean/cbc80426-08ee-40fd-97e5-19da55fdc821/.

7. Alexander, Harriet, "George W Bush's Book of Paintings Praised by Art Critic and Tops Bestseller List", *The Telegraph*, 12 de março de 2017, https://www.telegraph.co.uk/news/2017/03/12/george-w-bushs-book-paintings-praised-art-critic-tops-bestseller/.

8. Qualquer semelhança com os sintomas de "personalidade autoritária" de Theodor Adorno é mera coincidência.

9. Para saber mais sobre a noção de senso comum usada aqui ver: Hoare, George e Nathan Sperber, *An Introduction to Antonio Gramsci: His Life, Thought, and Legacy*, Londres: Bloomsbury, 2016, Capítulo 4.

10. Um tuíte posteriormente excluído, mas que foi salvo para a posteridade em Jones, Owen, "How Online Abuse Is Politically Hijacked", *Medium*, 14 de julho de 2017, https://medium.com/@OwenJones84/how-online-abuse-is-politically-hijacked-ca27cc62ddf3.

11. Freeman, Hadley, "From Labour's Hard Left to Donald Trump, It's Been the Summer of the Personality Cult", *The Guardian*, 30 de julho de 2016, https://www.theguardian.com/us-news/2016/jul/30/donald-trump-labour-personality-cult-hadley-freeman.

    Johnston, John, "Tony Blair Savages Jeremy Corbyn for Turning Labour into a 'glorified Protest Group with Cult Trimmings'", *Politics Home*, 25 de fevereiro de 2020, https://www.politicshome.com/news/uk/political-parties/labour-party/news/108655/tony-blair-savages-jeremy-corbyn-turning-labour.

    Stewart, Heather, "Former Minister Quits Labour after 45 Years Blaming 'Corbyn Cult'", *The Guardian*, 14 de maio de 2019, https://www.theguardian.com/politics/2019/may/14/former-labour-mp-bridget-prentice-quits-party-after-45-years-blaming-corbyn-cult.

12. Morrison, Toni, "On the First Black President", *The New Yorker*, 28 de setembro de 1998, https://www.newyorker.com/magazine/1998/10/05/comment-6543.

13. Krol, Charlotte, "The Justin Trudeau Effect: Famous Faces Who Have Fallen for the Canadian Prime Minister's Charm", *The Telegraph*, 17

de fevereiro de 2017, https://www.telegraph.co.uk/news/2017/02/17/justin-trudeau-effect-famous-faces-have-fallen-canadian-prime/.

14. Summers, Lawrence H, “How to Fix Globalization-for Detroit, Not Davos”, *The American Interest*, 27 de maio de 2020, https://www.the-american-interest.com/2020/05/22/how-to-fix-globalization-for-detroi-t-not-davos/.

15. Pincus-Roth, Zachary, “‘It’s the President We All Want’: The Melancholy World of Liberals Watching ‘The West Wing’ in 2018”, *The Washington Post*, 20 de julho de 2018, https://www.washingtonpost.com/entertainment/tv/in-the-trump-era-some-find-escapism-in-the-west--wing-its-the-president-we-all-want/2018/07/19/05c40fd4-89bb-11e-8-85ae-511bc1146b0b_story.html.

16. Michallon, Clémence, “12 West Wing Episodes That Are Ultimate Therapy for the Trump Era”, *The Independent*, 22 de setembro de 2019, https://www.independent.co.uk/arts-entertainment/tv/features/west-wing-episodes-best-donald-trump-cast-white-house-josiah-bartlet--a8627181.html.

17. Ross, Chuck, “Susan Rice Claims Without Evidence That Russia Could Be Funding Riots”, *The Daily Caller*, 31 de maio de 2020, https://dailycaller.com/2020/05/31/susan-rice-russia-riots-george-floyd-protests/.

18. Rubin, Jennifer, “Trump’s Subservience to Putin on Display”, *The Washington Post*, 27 de agosto de 2019, https://www.washingtonpost.com/opinions/2019/08/27/trumps-subservience-putin-display/.

19. Ver, por exemplo: Hirsh, Michael, “Why Putin Is Smiling”, *Foreign Policy*, 10 de dezembro de 2019, https://foreignpolicy.com/2019/12/10/russia-putin-trump-impeachment-dysfunction-smiling/.

20. Robinson, Nathan J, “The Clinton Comedy of Errors”, *Current Affairs*, 26 de abril de 2017, https://www.currentaffairs.org/2017/04/the-clinton-comedy-of-errors.

21. Jurkowitz, Mark, Amy Mitchell, Elisa Shearer e Mason Walker, "US Media Polarization and the 2020 Election: A Nation Divided", Pew Research Center's Journalism Project, 24 de janeiro de 2020, https://www.journalism.org/2020/01/24/u-s-media-polarization-and-the-2020-election-a-nation-divided/.

22. "'Post-truth' Declared Word of the Year by Oxford Dictionaries", *BBC News*, 16 de novembro de 2016, https://www.bbc.co.uk/news/uk-37995600.

    "Dealing with post-truth politics: 'Postfaktisch' is Germany's Word of the Year", *Deutsche Welle*, 9 de dezembro de 2016, https://www.dw.com/en/dealing-with-post-truth-politics-postfaktisch-is-germanys-word-of-the-year/a-36702430.

23. Goodhart, David, "3 New Books Exploring Post-truth", *The Evening Standard*, 11 de maio de 2017, https://www.standard.co.uk/lifestyle/books/3-new-books-exploring-posttruth-a3536521.html.

    Block, David. *Post-truth and Political Discourse*. Cham, Suíça: Palgrave Macmillan, 2019.

24. Mohan, Megha, "Macron Leaks: The Anatomy of a Hack". *BBC News*, 9 de maio de 2017, https://www.bbc.co.uk/news/blogs-trending-39845105.

25. Por exemplo, ver: Brennan, Jason. *Contra a democracia*. Lisboa: Gradiva, 2017.

26. O Independent Group [Grupo Independente] foi um desdobramento centrista dos três principais partidos da Grã-Bretanha, de curta duração, formado na crença de que havia um grande grupo de eleitores centristas pró-UE, que nenhum outro partido atendia. Teve um fracasso estrondoso nas eleições gerais de 2019 e logo depois foi dissolvido.

    "Pro-Brexit Protestors Sentenced after Abusing Anna Soubry MP", *The Crown Prosecution Service*, 29 de julho de 2019, https://www.cps.gov.uk/london-south/news/pro-brexit-protestors-sentenced-after-abusing-anna-soubry-mp.

27. Deboick, Sophia, "A YEAR IN MUSIC: 2012, Britain before the Fall", *The New European*, 13 de fevereiro de 2019, https://www.theneweuropean.co.uk/top-stories/a-year-in-music-2012-britain-before-the-fall-1-5883381.

28. Katie Couric, post no Twitter [atual X], 29 de maio de 2020, 15h, https://twitter.com/katiecouric/status/1266429206633857024.

29. Garry Kasparov, post no Twitter [atual X], 16 de julho de 2018, 13h20 https://twitter.com/kasparov63/status/1018893198058573824.

30. O'Carroll, Lisa, Jessica Elgot e Denis Campbell, "Brexit Threat to School Dinners Comes as Stockpiling Intensifies", *The Guardian*, 31 de janeiro de 2019, https://www.theguardian.com/politics/2019/jan/31/progress-on-school-dinners-could-be-rewound-after-brexit.

    Wharton, Jane, "England's Top Medical Chief Warns of Deaths after No-deal Brexit", *Metro*, 15 de novembro de 2019, https://metro.co.uk/2019/10/10/englands-top-medical-chief-warns-deaths-no-deal-brexit-10895809/.

    "EU Withdrawal Scenarios and Monetary and Financial Stability", *Bank of England*, 28 de novembro de 2018, https://www.bankofengland.co.uk/report/2018/eu-withdrawal-scenarios-and-monetary-and-financial-stability.

    Butler, Sarah, "Greggs to Stockpile Bacon and Tuna to Avert Brexit Shortages", *The Guardian*, 1º de outubro de 2019, https://www.theguardian.com/business/2019/oct/01/greggs-to-stockpile-bacon-and-tuna-to-avert-brexit-shortages.

    Repórter da seção City & Finance do *Daily Mail*, "Brexit Raspberry Fears: Ocado Warns of Shortages If There Is No Deal", *This Is Money*, 17 de setembro de 2019, https://www.thisismoney.co.uk/money/markets/article-7474983/Brexit-raspberry-mozzarella-fears-Ocado-bosses-warn-shortages-No-Deal.html.

31. Quinn, RJ, "Politics Is Not Harry Potter", *Jacobin*, 4 de janeiro de 2019, https://www.jacobinmag.com/2019/01/harry-potter-magic-liberalism-fantasy-fetishism.

32. Penny, Laurie, "I Want My Country Back", *The New Statement*, 24 de junho de 2016, https://www.newstatesman.com/politics/uk/2016/06/i-want-my-country-back.

    Paul Mason, post no Twitter [atual X], 12 de dezembro de 2019, 19h06, https://twitter.com/paulmasonnews/status/1205247632135872516.

33. "Clinton: Half of Trump Supporters 'basket of Deplorables'", *BBC News*, 10 de setembro de 2016, https://www.bbc.com/news/av/election-us-2016-37329812/clinton-half-of-trump-supporters-basket-of-deplorables.

34. Kirby, Alan. *Digimodernism: How New Technologies Dismantle the Postmodern and Reconfigure our Culture*. Nova York: Continnum, 2009.

    Maren Thom, usando uma metáfora tirada das redes sociais, chama isso de "o interminável rolar do cinema". (/106/ The Endless Scrolling of Cinema), *Aufhebunga Bunga* (podcast), 4 de fevereiro de 2020, https://www.patreon.com/posts/106-endless-of-33718402.

35. Andeweg, Rudy, "Political recruitment and party government", em Blondel, Jean e Maurizio Cotta (Eds.): *The Nature of Party Government: A Comparative European Perspective*. Basingstoke: Palgrave: 2000, p. 140.

36. Frost, Amber A'Lee, "The Necessity of Political Vulgarity", *Current Affairs*, 25 de agosto de 2016, https://www.currentaffairs.org/2016/05/the-necessity-of-political-vulgarity.

37. Hoare, George, "The Left Against the People?", *Brave New Europe*, 13 de dezembro de 2018, https://braveneweurope.com/george-hoare-the-left-against-the-people.

Capítulo 5

1. Hochuli, Alex, "Technocracy's End-of-Life Rally", *Damage*, 8 de maio de 2020, https://damagemag.com/2020/05/08/technocracys-end-of-life-rally/.

2. Johnson, Keith, "2019: A Year of Global Protest", *Foreign Policy*, 23 de dezembro de 2019, https://foreignpolicy.com/2019/12/23/2019-a-year-of-global-protest/.

3. "Do Today's Global Protests Have Anything in Common?", *BBC News*, 11 de novembro de 2019, https://www.bbc.com/news/world-50123743.

4. Antes chamado de Lega Nord — um partido populista, xenófobo e regionalista sediado no norte da Itália — em 2018 mudou de nome e passou a se chamar apenas Lega, deixando de lado a ênfase regionalista para assumir o caráter de um grupo direitista de âmbito nacional.

5. Dunn, Elizabeth, "Audit, Corruption, And the Problem of Personhood: Scenes from Postsocialist Poland". Palestra no instituto Wissenschaftskolleg zu Berlin, Berlim, 1999. Citado em Krastev, Ivan. *Shifting Obsessions Three Essays on the Politics of Anticorruption*. Budapeste: Central European University Press, 2004.

6. Abăseacă, Raluca, "#Rezist. Citizens Are Back on the Streets in Romania", *openDemocracy*, 15 de fevereiro de 2017, https://www.opendemocracy.net/en/can-europe-make-it/rezist-citizens-are-back-on-streets-in-romania/.

7. Adi, Ana G e Darren G Lilleker, eds. *#Rezist — Romania's 2017 Anti-Corruption Protests: Causes, Development and Implications*. Berlim: Quadriga University of Applied Sciences, 2017, http://www.romanianprotests.info/.

8. De fato, os comentaristas estrangeiros pareciam perplexos, descrevendo os protestos como populistas e também a favor de um governo mais racional e eficiente. C.f. Bohl, Ryan, "Romania Rising: Populism by Different Means and without Ugliness", *Salon*, 11 de fevereiro de 2017, https://www.salon.com/2017/02/12/romania-rising-the-european-countrys-populism-by-different-means_partner/.

9. Cameron, Rob, "Slovakia's Matovic: Europe's Mr Ordinary Prepares for Power", *BBC News*, 4 de março de 2020, https://www.bbc.com/news/world-europe-51718395.

10. Sa'eed Husaini (/61/ Making Plans for Naija), *Aufhebunga Bunga* (podcast), 14 de fevereiro de 2019, https://aufhebungabunga.podbean.com/e/61-making-plans-for-naija-ft-saeed-husaini/.

11. Sean Jacobs (/27/ After Zuma), *Aufhebunga Bunga* (podcast), 31 de janeiro de 2018, https://aufhebungabunga.podbean.com/e/27-cyrils-south-africa-ft-sean-jacobs/.

12. O argumento foi levantado especificamente a respeito da Terceira República Francesa, mas também pode ser aplicado de forma mais ampla. Gramsci, Antonio. *Selections from the Prison Notebooks*. Traduzido por Quintin Hoare e Geoffrey Nowell-Smith. Nova York: International Publishers, 1971, p. 80.

13. Por uma questão de concisão, vamos encerrar a narrativa no final de 2018 com a eleição de Jair Bolsonaro como presidente.

14. Para um relato da política anticorrupção brasileira, ver: Hochuli, Alex, "The Ends of Lava Jato", *Jacobin*, 4 de dezembro de 2017, https://jacobinmag.com/2017/04/brazil-lava-jato-corruption-dilma-rousseff-lula-temer-mani-pulite-italy.

15. Hochuli, Alex, "Brazil's Anti-Politics Election", *Jacobin*, 9 de julho de 2018, https://jacobinmag.com/2018/09/brazil-election-bolsonaro-lula-haddad-boulos-corruption.

16. Krastev, Ivan. *Democracy Disrupted: The Politics of Global Protest*. Filadélfia: University of Pennsylvania Press, 2014.

17. *Ibid*. p. 19.

18. As linhas gerais de tal perspectiva são expressas por Tad Tietze em *Symptomatic Redness* (podcast), 25 de fevereiro de 2019, https://www.listennotes.com/podcasts/douglaslaincom/symptomatic-redness-tad-j-qFbv8GBd0l/.

19. Glaser, Eliane. *Anti-Politics: on the Demonization of Ideology, Authority and the State*. Londres: Repeater Books, 2018, p. 84.

20. Cunliffe, Philip, "Are we all covid communists now?", *Medium*, 23 de março de 2020, https://medium.com/@thephilippics/are-we-all-covid--communists-now-9825a2067d51.

21. No Capítulo 7, apontamos os perigos de confundir guerra cultural com polarização de classes.

22. A formulação é extraída de Jäger, Anton, em "We Bet the House on Left Populism — and Lost", *Jacobin*, 25 de novembro de 2019, https://www.jacobinmag.com/2019/11/we-bet-the-house-on-left-populism--and-lost/.

    Ver também: Anton Jäger (/120/ Damaged Beyond Repair), *Aufhebunga Bunga* (podcast), 9 de maio de 2020, https://aufhebungabunga.podbean.com/e/unlocked-120-damaged-beyond-repair-ft-anton-jager/.

Capítulo 6

1. Ginsborg, Paul. *Silvio Berlusconi: Television, Power and Patrimony*. Londres: Verso, 2005.

2. Michele Caccavale, citado em: Ginsborg, *op cit.*, p. 69.

3. Denominado "Pacto das Sardinhas". Ver: David Broder (/100/ What Was the End of History?), *Aufhebunga Bunga* (podcast), 10 de dezembro de 2019, https://aufhebungabunga.podbean.com/e/100-what-was-the--end-of-history-ft-many-guests/.

4. Weber, Max. *Economy and Society: An Outline of Interpretative Sociology*. Berkeley: University of California Press, 1978, pp. 1028-9. [Versão em português, *Economia e Sociedade: Fundamentos da sociologia compreensiva*. Brasília: UnB (vol.1, 2012; vol. 2, 2015)].

5. Ginsborg, *op cit.*

6. A última era uma mentira, mas pouco importa, o argumento foi exposto. Não é difícil imaginar Trump fazendo o mesmo gesto performativo, evitando a distinção entre suas atividades privadas e políticas públicas.

7. "Liberdade especial" é um conceito proposto pelo criminologista Steve Hall, que denota uma "sensação de direito de fazer o que deve ser feito, que os indivíduos sentem quando se conformam ativamente com a lógica sistêmica do 'negócio' que lhes proporcionará riqueza, prazer e liberdade pessoal". "Interview with Prof Steve Hall on Ultra-realist Criminology", *Injustice*, 2 de janeiro de 2018, https://www.injustice-film.com/2018/01/02/interview-prof-steve-hall-ultra-realist-criminology/.

   Ver também: Steve Hall (/65/ Bunga Gets Ultra-Real) *Aufhebunga Bunga* (podcast), 7 de março de 2019, https://aufhebungabunga.podbean.com/e/65-bunga-gets-ultra-real-ft-steve-hall/.

8. O termo vem do teórico político francês Bernard Manin em: *The Principles of Representative Government*. Cambridge: Cambridge University Press, 1997.

9. Ginsborg, *op cit.*, p. 33.

10. Mancini, Paolo. *Between Commodification and Lifestyle Politics: Does Silvio Berlusconi provide a New Model of Politics for the Twenty-first Century?* Oxford: Reuters Institute for the Study of Journalism, 2011.

11. Blokker, Paul e Manuel Anselmi, "Introduction". In, Blokker, Paul e Manuel Anselmi, eds. *Multiple Populisms: Italy as Democracy's Mirror*. Basingstoke: Routledge, 2019, pp. 1-14.

12. Della Sala, Vincent, "Hollowing out and Hardening the State: European Integration and the Italian Economy", *West European Politics* 20, n. 1 (1997): 14-33, doi:10.1080/01402389708425173.

13. Para uma discussão sobre as semelhanças e diferenças ver: Hochuli, Alex, "The Ends of Lava Jato", *Jacobin*, 12 de abril de 2017, https://jacobinmag.com/2017/04/brazil-lava-jato-corruption-dilma-rousseff-lula-temer-mani-pulite-italy.

14. D'Emilio, Frances, "Italy's Ex-premier Berlusconi Campaigns against Populism", *AP News*, 12 de fevereiro de 2018, https://apnews.

com/39475e034d844d6eb216612edfba5538/Italy's-ex-premier-Berlusconi-campaigns-against-populism.

Capítulo 7

1. Para obter dados e análises abrangentes sobre essas tendências de longo prazo, ver: Hay, Colin. *Why We Hate Politics*. Cambridge: Polity, 2007; e Stoker, Gerry, *Why Politics Matters: Making Democracy Work*. Londres: Palgrave Macmillan, 2006.

2. Os partidos Democrata e Republicano nos EUA são exceções, pois há muito tempo são partidos cartelizados, em contraste com seus equivalentes europeus. Os partidos cartelizados são caracterizados pelo conluio, e não pela concorrência, entre si.

3. Mair, Peter. *Ruling the Void: The Hollowing of Western Democracy*. Londres: Verso, 2013. p. 1.

4. Beppe Grillo, citado em: Bickerton, Christopher J., e Carlo Invernizzi Accetti, "'Techno-populism' as a New Party Family: The Case of the Five Star Movement and Podemos", *Contemporary Italian Politics* 10, n. 2 (21 de maio de 2018): 132-50, doi:10.1080/23248823.2018.1472919.

5. Paolo Gerbaudo (/60/ Party Time, Online), *Aufhebunga Bunga* (podcast), 31 de janeiro de 2019, https://aufhebungabunga.podbean.com/e/60-party-time-online-ft-paolo-gerbaudo/.

6. Gerbaudo, Paolo. *The Digital Party: Political Organisation and Online Democracy*. Londres: Pluto, 2018, p. 315.

7. Bickerton, Chris, "The Five Star Movement and the Rise of 'techno-populist' Parties", LSE Blog, 24 de maio de 2018, https://blogs.lse.ac.uk/europpblog/2018/05/24/the-five-star-movement-and-the-rise-of-techno-populist-parties/.

8. Seymour, Richard, "Bye Bye Labour", *London Review of Books*, 7 de novembro de 2019, https://www.lrb.co.uk/the-paper/v37/n08/richard--seymour/bye-bye-labour.

9. Kenan Malik (/70/ In Defence of Universalism), *Aufhebunga Bunga* (podcast), 2 de maio de 2019, https://aufhebungabunga.podbean.com/e/70-in-defence-of-universalism-ft-kenan-malik/.

   Para conhecer a história de como a preocupação com a identidade passou da direita para a esquerda e vice-versa, ver: Malik, Kenan, "The History and Politics of White Identity", *Pandaemonium*, 17 de março de 2019, https://kenanmalik.com/2019/03/16/the-history-and-politics-of--white-identity/.

10. Fraser, Nancy e Bhaskar Sunkara. *O velho está morrendo e o novo não pode nascer*. São Paulo: Autonomia Literária, 2020.

11. Todos os dados provêm de, "Collective Bargaining in OECD and accession countries", OECD, Paris, setembro de 2017, https://www.oecd.org/els/emp/Industrial-disputes.pdf; exceto* "Strikes — Map of Europe", European Trade Union Institute, ETUI. Acesso em 3 de junho de 2020, https://www.etui.org/Services/Strikes-Map-of-Europe/EU-28, "x" indica dados não obtidos.

12. Dahlum, Sirianne, Carl Henrik Knutsen e Tore Wig, "Who Revolts? Empirically Revisiting the Social Origins of Democracy", *The Journal of Politics* 81, n. 4 (30 de agosto de 2019): 1494-499, doi:10.1086/704699.

13. Giugni, Marco e Maria T. Grasso. *Street Citizens: Protest Politics and Social Movement Activism in the Age of Globalization*. Nova York: Cambridge University Press, 2019.

14. Roser, Max e Esteban Ortiz-Ospina, "Tertiary Education", *Our World in Data*, 17 de julho de 2013. Acesso em 22 de maio de 2020, https://ourworldindata.org/tertiary-education.

    "Digest of Education Statistics, 2018". National Center for Education Statistics (NCES), parte do Departamento de Educação dos Estados

Unidos, página inicial, 2018. Acesso em 22 de maio de 2020, https://nces.ed.gov/programs/digest/d18/tables/dt18_302.60.asp.

"Participation Rates in Higher Education: Academic Years 2006/2007 – 2017/2018", Departmento de Educação do Reino Unido. Acesso em 22 de maio de 2020, https://assets.publishing.service.gov.uk/government/uploads/system/uploads/attachment_data/file/843542/Publication_HEIPR1718.pdf.

15. Ehrenreich, Barbara e John Ehrenreich, "The Professional-Managerial Class", *Radical America* 13, n. 2 (março/abril, 1977): 7-32.

16. *Ibid.* p. 13.

17. Ehrenreich, Barbara e John Ehrenreich. *Death of a Yuppie Dream: The Rise and Fall of the Professional-Managerial Class.* Nova York: Rosa Luxemburg Siftung, 2013.

18. Frost, Amber A'Lee, "The Characterless Opportunism of the Managerial Class", *American Affairs Journal*, 20 de novembro de 2019, https://americanaffairsjournal.org/2019/11/the-characterless-opportunism-of-the-managerial-class/.

19. Por exemplo, em 2016, mais de 60% dos liberais brancos achavam que a diferença de desempenho entre negros e brancos era causada por discriminação, um número que era de 42% em 2012. Essa dinâmica coloca os liberais brancos não apenas em descompasso com a população em geral, mas também com os grupos minoritários pelos quais eles fingem falar. Ver: Goldberg, Zach, "America's White Saviors", *Tablet Magazine*, 6 de junho de 2019, https://www.tabletmag.com/sections/news/articles/americas-white-saviors.

20. Starr, Terrell Jermaine, "Barbara Smith, Who Helped Coin the Term 'Identity Politics,' Endorses Bernie Sanders", *The Root*, 3 de fevereiro de 2020, https://www.theroot.com/barbara-smith-who-helped-coin-the-term-identity-politi-1841419291.

21. Tragicamente, pode ter sido a tentativa de Sanders de responder a essas críticas de má-fé que contribuiu para o fracasso de sua campanha de 2020, um argumento defendido por Angela Nagle e Michael Tracey: (/126/ Mr Bunga Goes to Washington (3)), *Aufhebunga Bunga* (podcast), 2 de junho de 2020, https://aufhebungabunga.podbean.com/e/126-mr-bunga-goes-to-washington-3-ft-angela-nagle-michael-tracey/.

22. Joel Kotkin (/78/ CaliBunga: Tech, Drugs & Capitalist Soul, Pt. 3), *Aufhebunga Bunga* (podcast), 4 de julho 2019, https://aufhebungabunga.podbean.com/e/78-calibunga-tech-drugs-capitalist-soul-pt-3/.

    Ver também: Kotkin, Joel. *The New Class Conflict*. Candor, NY: Telos Press Publishing, 2014.

23. Lind, Michael, "The New Class War", *American Affairs Journal*, 6 de agosto de 2017, https://americanaffairsjournal.org/2017/05/new-class-war/.

24. Guilluy, Christophe. *Twilight of the Elites: Prosperity, the Periphery, and the Future of France*. Londres: Yale University Press, 2019.

25. Frost, *op. cit.*

26. Piketty, Thomas. *Brahmin Left vs Merchant Right: Rising Inequality & the Changing Structure of Political Conflict (Evidence from France, Britain and the US, 1948–2017).* Documento de trabalho n. 2018/7. World Inequality Database, 2018.

27. Os democratas nos EUA, os trabalhistas no Reino Unido e os partidos socialista e comunista na França, além de diversos partidos ecologistas, radicais e de extrema esquerda.

28. E essas polarizações também se dividem em outras linhas: feminino/masculino, não branco/branco, metrópole/interior, e assim por diante.

29. Hartman, Andrew, "The Culture Wars Are Dead", *The Baffler*, maio de 2018, https://thebaffler.com/outbursts/culture-wars-are-dead-hartman.

30. Nagle, Angela. *Kill All Normies: Online Culture Wars from Tumblr and 4chan to the Alt-right and Trump*. Winchester: Zero Books, 2017.

31. Esta seção se baseia na pesquisa conduzida por Morris P. Fiorina. *Unstable Majorities: Polarization, Party Sorting, and Political Stalemate*. Stanford, CA: Hoover Institution Press, Stanford University, 2017.

32. Gallego, Esther Solano, Pablo Ortellado e Márcio Moretto, "Guerras culturais e populismo antipetista nas manifestações por apoio à operação Lava Jato e contra a reforma de previdência", *Em Debate* (Belo Horizonte), v. 9, n.2, p. 35-45, http://opiniaopublica.ufmg.br/site/files/artigo/7.pdf.

Capítulo 8

1. Seymour, Richard, "Bye Bye Labour", *London Review of Books*, 7 de novembro de 2019, https://www.lrb.co.uk/the-paper/v37/n08/richard-seymour/bye-bye-labour.

2. Aufhebunga Bunga (/83/ Now It's Syrizous), *Aufhebunga Bunga* (podcast), 12 de setembro de 2019, https://aufhebungabunga.podbean.com/e/83-now-it-s-syrizous-unlocked/.

   Rédaction, "'Le Corbynisme Est Mort' — Entretien Avec George Hoare", *Le Vent Se Lève*, 3 de outubro de 2019, https://lvsl.fr/corbynisme-est-mort-entretien-avec-george-hoare/.

3. Cunliffe, Philip, "The Workers' Revolt Against Labour", *The Full Brexit*, 18 de dezembro de 2019, https://www.thefullbrexit.com/workers-revolt-against-labour.

4. Ver: McCormack, Tara e Lee Jones, "COVID-19 and the Failed Post-Political State", *The Full Brexit*, 17 de abril de 2020, https://www.thefullbrexit.com/covid19-state-failure. Cunliffe, Philip, George Hoare, Lee Jones e Peter Ramsey, "COVID-19: We're Not in Control", *The Full Brexit*, 28 de março de 2020, https://www.thefullbrexit.com/not-in-control.

5. Goodley, Simon e Rupert Neate, "Leading US Bosses Drop Sharehol-der-first Principle", *The Guardian*, 19 de agosto de 2019, https://www.theguardian.com/business/2019/aug/19/leading-us-bosses-group--drops-principle-of-shareholder-first.

6. Editors, "25 Ideas That Will Shape the 2020s", *Fortune*, 15 de janeiro de 2020,https://fortune.com/longform/ideas-shape-2020s-tech-economy-markets-ai-health-work-society/.

7. "The New Agenda". About the FT. Acesso em 20 de janeiro de 2020, https://aboutus.ft.com/en-gb/new-agenda/.

8. Citado em: Bagehot, "Boris Johnson Is Reinventing One-nation Con-servatism", *The Economist*, 2 de janeiro de 2020, https://www.economist.com/britain/2020/01/02/boris-johnson-is-reinventing-one-na-tion-conservatism.

9. Para conhecer um exemplo de um argumento que propõe ir além dos vínculos regionais e de classe tradicionais do Partido Trabalhista Britânico, ver: Beckett, Andy, "Labour's Heartlands May Be Gone for Ever. It Needs to Find New Ones", *The Guardian*, 11 de janeiro de 2020, ht-tps://www.theguardian.com/commentisfree/2020/jan/11/labour-he-artlands-gone-away- northern-towns.

10. Krein, Julius, "The Real Class War", *American Affairs Journal*, 21 de novembro de 2019, https://americanaffairsjournal.org/2019/11/the-re-al-class-war/.

11. Um verdadeiro partido da pequena burguesia do interior com apoio da classe trabalhadora.

12. Slobodian, Quinn, "When the Green New Deal Goes Global", *Foreign Policy*, 11 de janeiro de 2020, https://foreignpolicy.com/2020/01/11/green-new-deal-climate-planet-to-win-book-review/.

13. Hodgson, Camilla, "Citizens' Assembly Set to Offer UK Government Climate Advice", *Financial Times*, 22 de janeiro de 2020, https://www.ft.com/content/788cccb6-3c4f-11ea-a01a-bae547046735.

O fato de isso ter sido iniciado pelo governo conservador não deve impedir a esquerda de pressionar por mais. Aliás, isso retoma a questão do parasitismo, mencionada anteriormente.

14. Thompson, Matthew, "What's so New about New Municipalism?", *Progress in Human Geography*, 9 de março de 2020, doi:10.1177/0309132520909480.

15. Aaron Bastani (/72/ Frankly Awesome Lefty Conversation), *Aufhebunga Bunga* (podcast), 30 de maior de 2019, https://aufhebungabunga.podbean.com/e/72-frankly-awesome-lefty-conversation-ft-aaron-bastani-unlocked/. Aufhebunga Bunga (/76/ CaliBunga: Tech, Drugs and Capitalist Soul, pt. 1), *Aufhebunga Bunga* (podcast), 20 de junho de 2019, https://aufhebungabunga.podbean.com/e/76-calibunga-tech-drugs-capitalist-soul-pt-i/.

16. Morozov, Evgeny. *To Save Everything, Click Here: Technology, solutionism, and the urge to fix problems that don't exist*. Londres: Penguin, 2013.

17. Greenfield, Adam, *Radical Technologies: The Design of Everyday Life*. Londres: Verso, 2017.

18. Guilluy, Christophe, *Twilight of the Elites: Prosperity, the Periphery, and the Future of France*, Londres: Yale University Press, 2019, p. 96.

19. Hochuli, Alex, "Bolsonaro Rising", *The Baffler*, 29 de outubro de 2018, https://thebaffler.com/latest/bolsonaro-rising-hochuli.

Sobre os Autores

Os autores são coprodutores e coapresentadores do podcast de política global *Aufhebunga Bunga*.

ALEX HOCHULI é escritor e consultor de pesquisa baseado em São Paulo, Brasil, cujos textos sobre política brasileira e global já apareceram em publicações como *Jacobin*, *The Baffler*, *NBC* e *Damage*. É graduado em relações internacionais e em sociologia pela LSE, King's College, em Londres, e pela Universidade de Kent. Publica no X [antigo Twitter] como @Alex_1789.

GEORGE HOARE é pesquisador e escritor baseado em Londres, Reino Unido. Tem doutorado pela Universidade de Oxford e já ocupou cargos de pesquisa e ensino no Hertford College, em Oxford, na Universidade de Leiden, em Haia, e na Universidade Fudan, em Xangai. É coautor de *An Introduction to Antonio Gramsci* (Bloomsbury, 2016) e publica no X como @gtbho.

PHILIP CUNLIFFE é Professor Sênior de Política e Relações Internacionais na Universidade de Kent, onde em 2009 iniciou sua carreira docente após concluir estudos de doutorado no King's College, em Londres. Sua pesquisa se concentra em teoria de RI, gestão de conflitos internacionais e intervenção liberal. Aparece frequentemente em rádios e escreve muito sobre política, contribuindo para periódicos acadêmicos, resenhas, serviços de inteligência de negócios, revistas e vários blogs políticos. Seu livro mais recente é *The New Twenty Years Crisis: A critique of international relations* (2020). Publica no X como @thephilippics.

Nota ao Leitor

Você chegou ao fim de *O Fim do Fim da História*.

As ideias apresentadas no livro continuarão a ser debatidas e desenvolvidas no podcast *Aufhebunga Bunga*. Nosso objetivo é investigar a política ao redor do mundo — tanto nos níveis altos quanto baixos, desde as relações internacionais até as tendências subculturais — buscando o retorno da política, à medida que a ordem neoliberal desmorona. Além de longas entrevistas e discussões, também produzimos docu-séries em vários episódios explorando tópicos específicos em profundidade.

Cerca de metade de nossos episódios são exclusivos para assinantes, incluindo um Clube de Leitura regular e diversos outros conteúdos originais. Você pode se inscrever em patreon.com/bungacast.

Os episódios e o conteúdo escrito estão em bungacast.com. Para entrar em contato conosco, escreva para o e-mail aufhebungabunga@gmail.com ou para nossas redes sociais:

Facebook.com/bungacast
Twitter.com/bungacast
Instagram.com/bungacast

Índice

C

D

E